„Die gute Küche ist das innigste Band der guten Gesellschaft."

Marquis de Vauvenargues

Mein Dank geht an all diejenigen, die dieser Jubiläumsausgabe zu einer kulinarischen Bereicherung verhelfen und uns auch als Mensch berühren. Und mein Dank gilt all jenen, die dies zu schätzen wissen.

Christiane Weigel

DIE PLATTFORM FÜR KULINARISCHE EMPFEHLUNGEN

Im **Frühjahr 2012** startete die Plattform ***Rezepte-auf-Video.de*** mit einem eigenem **Topfgucker-Guide für Videorezepte**, von Beginn an mit bewegten Inhalten – als Novum. Die Erfinder und Macher **Christiane Weigel-Andersch** und **Dirk Andersch** setzten so ihre Vision um, Gastgebern eine Plattform für kulinarische Empfehlungen zu bieten und gleichzeitig **Hobbyköchen** die Möglichkeit zu geben, den **Profi´s** in die Töpfe zu schauen. **„Wir wollen Menschen mit Lust und Freude am Kochen verbinden ...“**, so Dirk Andersch. Und so startete die Unternehmung mit ihrem ambitionierten Ziel. Es sollte ein Portal geschaffen werden, welches Gastgeber und Köche präsentiert, die sich abheben von Systemgastronomie, Fastfoodketten und Convenience Produkten. **Und es wurde ein Erfolg!**

Dirk Andersch, Christian P. und Christiane Weigel-Andersch (v.l.n.r.)

2016 erschien der erste und in dieser Form einmalige **Videorezepte-Kalender**. Noch im gleichen Jahr wurde aus Rezepte auf Video die Marke **„Topfgucker-TV“** entwickelt. Die kulinarische Berichterstattung erweiterte sich weit über die Landesgrenze Sachsens hinaus.

2017 trennten sich die Wege der Gründer, privat wie geschäftlich. Sie arbeiteten unabhängig voneinander, aber sich weiter gegenseitig unterstützend. Dirk Andersch entwickelte das Portal **„Lust auf Dresden“**.

DER BESONDERER LADEN – ZUSAMMENFÜHRUNG VON HERSTELLERN UND KUNDEN

2017 wuchs der Gedanke, den Mehrwert der kulinarischen Empfehlung auf *YouTube* auch greifbar zu machen. So eröffnete der **Topfgucker-Laden**. Das Ziel war, die empfohlenen Gastgeber, wie auch die Hersteller, mit dem Gast bzw. Kunden zu verbinden und somit noch bessere Synergien zu schaffen. Es war die neue kulinarische Adresse in Blasewitz unter dem Slogan **„Der besondere Laden“**. Kunden konnten die Produkte der Hersteller, welche bei *Topfgucker-TV* vorgestellt wurden, nun auch kaufen und sich dazu den jeweiligen Film anschauen.

„Der besondere Laden“, Verkaufsraum

Großer Beliebtheit erfreuen sich bis heute die **Videorezept-Sammelkarten**, auf denen nicht nur jeweils ein tolles Rezept mit Videoanleitung zum Nachkochen angeboten wird, sondern zusätzlich neue Restaurants und Produkte zu entdecken sind. Veranstaltungen wie Ölverkostung der Ölmühle Dörnthal, Eierlikörverkostung bis hin zu Weinabenden mit Filmvorführung und Weinverkostung, wurden immer beliebter und waren schnell ausgebucht. Gemeinsam mit **Steffi Rothe**, verantwortlich für Einkauf und Organisation, entwickelte sich ein erfolgreiches Konzept. Damit schloss sich der Kreis: **„Topfgucker-TV"** unter dem Motto **„Film & Genuss"** mit kulinarischen Anlaufpunkten zu vereinen. Dennoch: Trotz hoher Nachfrage war der Standort mit lediglich acht Sitzplätzen nicht wirtschaftlich. So wurde er **2018** geschlossen. Aus heutiger Sicht war es eine gute Entscheidung, mit dem Konzept zu pausieren.

Der Fokus richtete sich weiter auf kulinarische Empfehlungen von Gastgebern und Herstellern. **„Topfgucker-TV" etablierte sich weiter.** Mittlerweile führten die Filmarbeiten von **Castelle del Trebbio** in Italien, nördlich von Florenz, bis nach Südengland in das **Lucknam Park Hotel & Spa | Cookery School** oder in das Restaurant **Lea Linster** in Luxemburg.

„Der besondere Laden", Aussenansicht

DAS KONZEPT MIT MEHRWERT FÜR GASTGEBER UND GAST – „TOPFGUCKEN" OHNE ZU BEWERTEN

Dreharbeiten in Castelle del Trebbio, Italien

„Topfgucker-TV" verteilt keine Sterne und Hauben. Bei „Topfgucker-TV" geht es um keine Bewertung, sondern um mehr: **Es geht um die Menschen hinter den „Töpfen".** Deswegen ist ein **„Ich will dabei sein!"** die alleinige Grundlage für eine erfolgreiche und langfristige Zusammenarbeit. Das zeigt diese **Jubiläumsausgabe**. Sie ist eine Hommage an die Gastgeber und Hersteller, die trotz großer gegenwärtiger Herausforderungen die Liebe, Leidenschaft und den Glauben an das, was sie tun, behalten haben. Sie alle haben Hindernisse überwunden und halten am Ethos ihrer Berufung fest. Und das, liebe Leser und „Topfgucker", vereint in sich etwas, was Sterne nicht widerspiegeln. Lernen Sie in dieser Jubiläumsausgabe mehr über die Menschen, ihre Geschichten und Erfolgskonzepte kennen – in ganz persönlichen Gesprächen und Interviews.

Wir bedanken uns bei Ralf Zacherl, der uns unterstützt als Koch-Prominenz 2022. Unser Dank gilt allen Mitwirkenden, die uns genussvolle und emotionale Momente geschenkt haben. Es ist deren Verdienst, was bleibt. In diesem Sinne laden wir Sie auf eine kulinarische Reise durch die **10 Jahre „Topfgucker-TV"** ein und blicken gleichzeitig mit Zuversicht in die Zukunft. Lassen Sie sich inspirieren von unseren empfehlenswerten Gastgebern und den Rezepten. Dieses Buch ist das Abbild einer bewegten Zeit und schreibt Geschichte mit Gastgebern, die Sie willkommen heißen!

Christiane Weigel, Geschäftsführerin

Wie kann ich Filme zu den Rezepten und Interviews in dem Buch ansehen?
Zu den nachfolgenden Fotos finden Sie einen dazugehörigen QR-Code, den Sie einscannen können. So werden Sie direkt zum Video (Rezept, Interview) auf *YouTube*, bei *Topfgucker-TV.de* oder dem *Onlineshop des Herstellers* geleitet.

Bereits 2012 schauten wir **Jens Weißflog** das erste Mal in die „Töpfe". Damals kochte er für uns einen **„Aronia-Gulasch"**, ganz ohne Salz, zart und trotzdem würzig.

Auch in den folgenden Jahren besuchten wir den sympathischen Hotelier, der zu den erfolgreichsten Skispringern der Vierschanzentournee zählt. Uns begeistert die Bodenständigkeit sowie die Verbundenheit zum Erzgebirge, die Jens Weißflog und seine Frau Doreen ausstrahlen. Das spiegelt sich auch in dem typisch regionalen Gericht **„Nesselfaunzen"** wieder. Was sich dahinter verbirgt? Die Antwort finden Sie auf der nächsten Seite, im Rezept von Jens Weißflog.

Einscannen und Rezept ansehen

Einscannen und Video ansehen

UNSERE CORONA-DOKUMENTATION 2020

Das Erzgebirge und speziell Oberwiesenthal sind besonders im Winter ein beliebtes Skigebiet. Doch die Winter-Saison **2020/21** fiel auch für Jens Weißflog und sein Hotel aus – denn die Corona-Maßnahmen forderten ihren Tribut.

Im Beitrag **„Jens Weißflog und die Kette der Betroffenen"** dokumentierten wir die damaligen Sorgen aller Betroffenen. Vom Schankwirt, zur Wäscherei oder dem erzgebirgischen Kunsthandwerk, war und ist es ein Kreislauf, der die Abhängigkeiten im Miteinander deutlich zeigt.

EIN NEUANFANG VOLLER OPTIMISMUS

Die Ruhephase während der coronabedingten Schließungen nutzten Familie Weißflog und das Team für bauliche Veränderungen im Hotel. Das neugestaltete Restaurant mit großem Wintergarten lädt ein zu saisonalen und regionaltypische Speisen. Interessant ist die Idee, Gerichte von internationalen und namhaften Skisprungorten auf der Speisekarte anzubieten. Ein Besuch lohnt sich auf jeden Fall. Auch wir von *Topfgucker-TV* wünschen Familie Weißflog und dem gesamten Team alles Gute!

Einscannen und Video ansehen

REZEPTEMPFEHLUNG: „NESSELFAUNZEN“ aus Kartoffeln

ZUTATEN für 10 Portionen:

1000 g	Kartoffeln gerieben (wenn möglich vom Vortag)
500 g	Quark
100 g	Mehl
4	Eigelb
2 – 3 TL	Brennnessel (getrocknet oder frisch)
Prise	Salz
etwas	Limettenabrieb
	Butterschmalz zum Braten

Einscannen und Rezept ansehen

ZUBEREITUNG:

Pellkartoffeln am Vortag kochen, am Tag der Zubereitung schälen und reiben oder drücken. Nun die Zutaten nacheinander in eine Schüssel geben und mit der Hand verkneten. Anschließend Butterschmalz in der Pfanne erhitzen. Den Teig in handtellergroße, ca. 1 cm dicke Scheiben formen und in die Pfanne geben. Von beiden Seiten langsam goldgelb ausbacken.

TIPP Das Öl sollte nicht zu heiß sein. Dazu empfehlen wir Quark mit geräuchertem Lachs.

„Glück auf“ aus dem schönen Erzgebirge!

KONTAKTDATEN

Jens Weissflog Hotel & Restaurant
Emil-Riedel-Strasse 50 · 09484 Oberwiesenthal

Telefon: +49 37348 100
E-Mail: hotel@jens-weissflog.de
Web: www.jens-weissflog.de

Weitere **Info´s** zum **Gastgeber** und alle **Rezepte** finden Sie bei ***Topfgucker-TV.de*** oder unter dem QR-Code.

Das Rezept **„Hausgemachte Käsespätzle"** aus dem Jahr 2013 zählt zu den meist geklicktesten Videorezepten bei *Topfgucker-TV* und ist auf Platz 1 (Stand Juni 2022) im Ranking. Zubereitet wurde es im **Landidyllhotel Baumwiese** bei Gastgeber **Kali Schneider**.

Seit den Aufnahmen 2013 ist im bewegten Leben von Kali Schneider einiges passiert. Private Herausforderungen, die Schließung der Baumwiese im Jahr 2015 und der Umzug aus Dresden sollten etwas Abstand schaffen und Kraft für einen Neustart geben.

Einscannen und Rezept ansehen

Einscannen und Interview anschauen

AUFGEBEN GIBT ES NICHT!

Nach Jahren der Wanderschaft quer durch halb Deutschland, eröffnete Kali das **Wirtshaus „Zweite Heimat"** auf den Golfplatz Dresden-Ullersdorf. Doch dann, kurz nach der Eröffnung im Frühjahr 2020, folgten zwei Jahre Einschränkungen durch die Coronaverordnungen. Und nun, im Jahr 2022, sind es die Inflation, der Ukrainekonflikt und weitere ökonomische Herausforderungen, mit der wir alle konfrontiert sind.

Doch wer Kali kennt, weiß, dass es mit Energie weitergeht!

Seine tiefe Verbundenheit zur Region um Dresden spiegelt sich im Namen „Zweite Heimat" wieder. Die frische Küche mit schwäbischem Einfluss, sächsischen Aromen und mediterranen Komponenten laden zu genussvollen Momenten ein und das im herrlichen, naturverbundenen Ambiente des Golfplatzes oder – in der kalten Jahreszeit – am Kamin im inneren des Restaurants.

KONTAKTDATEN

Zweite Heimat | Wirtshaus & Genussbar
Am Golfplatz 1 · 01454 Ullersdorf

Telefon: +49 3528 2269528
E-Mail: info@zweiteheimat-dd.de
Web: www.zweiteheimat-dd.de

Weitere **Info's** zum **Gastgeber** und alle **Rezepte** finden Sie bei ***Topfgucker-TV.de*** oder unter dem QR-Code.

REZEPTEMPFEHLUNG: Typisch schwäbisch **„OFENSCHLUPFER"**

Auch aus der ZDF-Kochshow „Die Küchenschlacht" ist Kali Schneider vielen bekannt. Er wurde im Jahre 2018 der zweitbeste Hobbykoch Deutschlands! Sein Können beim Kochen zeigt er mit großer Begeisterung auch allen „Topfguckern". Diesmal ist es ein **„Ofenschlupfer"**. Wenn da nicht der Name Programm ist!

Wir wünschen Ihnen viel Freude mit Kalis kulinarischer Empfehlung. Mehr Infos und alle Rezepte finden Sie im Gastgeberprofil der „Zweiten Heimat" bei *Topfgucker-TV.de*.

Einscannen und Rezept ansehen

ZUTATEN für 1 Auflaufform:

6	altbackene Semmel (geht auch mit altem Baguette oder Zopf)
4	säuerliche Äpfel
1/2	Zitrone (Abrieb und Saft)
100 g	Rosinen
500 ml	Milch
4 EL	Zucker
1 Prise	Salz
4 EL	Semmelbrösel
50 g	Butter
2 Bio	Eier
1 TL	Zimt

Backtrennspray
etwas Puderzucker oder
süßer Schnee zum Bestäuben

Guada Abbedid!

ZUBEREITUNG:

Den Ofen auf 180 °C Ober-/Unterhitze vorheizen und Auflaufform mit Backtrennspray einfetten. Für den Ofenschlupfer die altbackenen Semmel in dünne Scheiben (ca. 1 cm) schneiden. Die Äpfel schälen und in dünne Spalten schneiden. Von der 1/2 Zitrone den Abrieb und den Saft zu den Äpfeln geben und vermischen.

250 ml Milch lauwarm erwärmen und die Semmel-Scheiben von beiden Seiten in die Milch tunken. Semmel-Scheiben und Äpfel abwechselnd in die Auflaufform schichten. Rosinen dazwischen und darüber verteilen. Die restlichen 250 ml Milch, die Eier, den Zucker, die Prise Salz und den Zimt verquirlen (falls noch Milch vom Eintunken übrigbleibt, ebenfalls mit dazu geben) und über die Semmelmasse geben.

Zum Schluss die Semmelbrösel über die Masse streuen und kleine Butterflocken obendrauf setzten. Die Auflaufform für ca. 50 Minuten in den Ofen geben. Den Ofenschlupfer mit Puderzucker oder süßem Schnee bestäuben und warm genießen

Dazu passt Vanillesoße oder ein leckeres Eis!

UNSERE GASTGEBEREMPFEHLUNG

Schon mal eine Spargelstange durch eine Hähnchenbrust gesteckt und das Ganze dann auch noch gegrillt? Dies ist nur eine Variante von weiteren pfiffigen Grillideen, die wir im Jahr 2014 das erste Mal mit dem Küchenmeister **Frank Richard Gliemann**, gemeinsam mit seinem Sohn Oli, gefilmt haben. Mittlerweile sind einige Jahre vergangen. Frank Gliemann ist bei den Topfguckern nicht mehr weg zu denken. Sein Markenzeichen: die orangefarbene Kochmütze, die genau so zu seinen Kochsendungen gehört, wie die kreativen Rezepte, die Preisfragen und weitere Ideen, mit denen er uns immer wieder überrascht. Von der Tellersülze bis zum Mufflonrücken oder dem beliebten Rezept „Käse-Steak zur Linde“ sind alle Zubereitungen eine liebevolle Einladung zum Nachkochen.

Einscannen und Rezept ansehen

Einscannen und Interview anschauen

KINDERFEUNDLICH UND BARREIEREFREI

So vielfältig wie die Rezepte, so war auch das bisherige Leben von Frank Gliemann. Den Wunsch, Koch zu werden, hatte er von Kindheit an. Seine Kochlehre absolvierte er bravurös noch zu DDR Zeiten. Und dann folgte die Selbstständigkeit. Er schaffte es, das **Gasthaus „Zur Linde“** zu etablieren und um ein Hotel zu erweitern. Das ganze Anwesen wurde liebevoll aus- und umgebaut. Doch Schicksalsschläge machten auch vor ihm nicht halt. Der frühe und unerwartete Tod seiner Frau hinterließ bei ihm und seinen Kindern Spuren. Doch wer Frank Gliemann kennt, weiß, dass er an Schwierigkeiten wächst. Und so nahm er die Herausforderungen seines Lebens an. Die Freude am Kochen und damit der Wille, seinen Gästen einen genussvollen Aufenthalt zu schenken, ist genau, was ihn erfüllt und alle Schwierigkeiten bestehen lässt. Die momentane Situation ist freilich auch für Frank Gliemann nicht vorhersehbar gewesen und stellt eine neue Aufgabe. Wie er mit allem umgeht und ob er ähnliche Momente schon einmal so erlebt hat, erzählt Ihnen Frank Gliemann in diesem **sehr persönlichem Interview**.

KONTAKTDATEN

Gasthaus und Hotel „Zur Linde“
Gitterseer Straße 30 · 01705 Freital bei Dresden

Telefon: +49 351 6471 60 · Fax: +49 351 6471 660
E-Mail: info@zur-linde-freital.de
Web: www.zur-linde-freital.de

Weitere **Info´s** zum **Gastgeber** und alle **Rezepte** finden Sie bei ***Topfgucker-TV.de*** oder unter dem QR-Code.

REZEPTEMPFEHLUNG: Hähnchenkeule „LENINGRAD“

Eine spezielle Zubereitung ist die Hähnchenkeule „Leningrad“. Frank Gliemann hat in der DDR seine Kochlehre absolviert. Geprägt von den kulinarischen Einflüssen der damaligen Sowjetunion, lernte er in seiner Ausbildung u.a. die Zubereitung der „Gefüllten Hähnchenkeule an Tomatenreis“.

Zur Weihnachtszeit eignen sich für dieses Rezept auch Gänsekeulen. Und wer es einfach möchte, kann statt einer Keule auch eine Hähnchenbrust füllen. Wie das ganze Gericht zubereitet wird, sehen Sie im Video bei *Topfgucker-TV*.

Einscannen und Rezept ansehen

Ein weiteres spektakuläres Gericht für die Festtage ist die „Gefüllte Ente nach Art des Hauses“. Damit überraschen Sie Ihre Gäste auf jeden Fall, wenn es auch nichts für Anfänger ist. Das finden Sie im Gastgeberprofil Gasthaus und Hotel „Zur Linde“ bei *Topfgucker-TV.de* (einfach QR-Code bei Kontaktdaten einscannen).

ZUTATEN für 4 Portionen:

4	Hähnchenkeulen
200 g	Geflügelleber (keine Stopfleber)
2	Eier
	Paniermehl
	Corn Flakes, ungesüßt
	Butterschmalz
200 g	Reis
40 g	Zwiebel
200 g	Tomaten
	Pfeffer
	Salz

ZUBEREITUNG:

Nach dem Auslösen der Knochen jede Keule mit Gänseleber füllen. Alles wird gewürzt mit Pfeffer & Salz. Die gefüllten Keulen vorsichtig in einer Panade aus Mehl, Vollei und Cornflakes wälzen und langsam in Butterschmalz ausbraten.

Der Tomatenreis besteht aus in Butter glasierten Zwiebelwürfen, angeschwitzten Tomatenconcasée und Langkornreis.

TIPP Die Salatbeilage kann nach eigener Vorstellung zubereitet werden.

Viel Spaß beim Nachkochen wünscht Ihnen Frank Gliemann!

UNSERE GASTGEBEREMPFEHLUNG

Gastgeber der Herzen: **Daniel Fischer** – für die Topfgucker zählt er zu den beliebtesten Köchen. Schlagfertig, spontan – und vor allem kann er natürlich kochen! Unsere ersten gemeinsamen Aufnahmen machten wir **2013** zum fachgerechten Filetieren eines Störs. Dieses Video haben sich über 50.000 Topfgucker angesehen.

Einscannen und Rezept ansehen

Mit mehr als 20 Rezepten und Beiträgen ist Daniel Fischer der Gastgeber mit den meisten Content bei *Topfgucker-TV.de*. Dies bescherte ihm auch eine eigene Playlist auf YouTube im *Topfgucker-TV-Kanal*. Daniel ist telegen und nimmt die Zuschauer mit in seine Welt des Kochens. Es ist eine authentische und „nachkochbare" Küche, bei der die Zutaten selber zu Hauptdarstellern werden.

Einscannen und Interview anschauen

DER EIGENE NAME STEHT FÜR QUALITÄT

In unserem Interview wird deutlich, dass neben der Leidenschaft zum Kochen auch die Demut gegenüber dem Produkt und die Tatsache gehört, dass es uns, trotz aller Herausforderungen, gut geht.

Erfahrungen sammelte Daniel deutschlandweit in verschiedenen Restaurants und anschließend als **Ausbilder bei der privaten Hotel & Gaststättenschule HOGA** in Dresden. Als diese aufgrund der demografischen Entwicklung 2012 die Ausbildung zum Koch einstellte, war die Zeit gekommen, die Weichen in Richtung Selbstständigkeit zu stellen.

2013 schlug die Geburtsstunde für ein Restaurant, dessen Name Programm werden sollte – **Restaurant Daniel**. Es öffnete seine Pforten in der Äußeren Neustadt im sogenannten Kartoffelkeller.

KONTAKTDATEN

Restaurant Daniel
Gluckstraße 3 · 01309 Dresden

Telefon +49 351 81197575
E-Mail: info@restaurant-daniel.de
Web: www.restaurant-daniel.de

Weitere **Info's** zum **Gastgeber** und alle **Rezepte** finden Sie bei ***Topfgucker-TV.de*** oder unter dem QR-Code.

Kurze Zeit später, noch im selben Jahr, schwappte die zweite Jahrhundertflut über Dresden. Durchstarten hatte sich Daniel anders vorgestellt. Trotzdem gelang es, das Restaurant wieder auf Erfolgskurs zu steuern. Seinem Konzept **„Daniel kocht, die Region liefert"** ist er bis heute treu geblieben.

Gemüse vom Markt, je nach Saison, Fleisch vom Bauernhof, Wild aus der Region und Kräuter aus dem Garten des Vaters – dafür steht Daniel. Eine puristische, authentische Küche ohne Schnickschnack, sondern mit dem natürlichen Geschmack, dafür is(s)t er bekannt.

Einscannen und Rezept ansehen

2017 erfüllte sich Daniel einen Herzenswunsch, er kaufte in Dresden-Striesen ein eigenes Restaurant. In Zeiten der coronabedingten Schließungen blieb Daniel soweit wie möglich aktiv. So drehten wir nach wie vor kulinarische Beiträge – mit gebotenem Abstand, pragmatischen Lösungen und gutem Geschmack. So zum Beispiel: **Corona-Not-Schnitte**.

2023 reichen wir von *Topfgucker-TV* das Zepter weiter an Daniel und gratulieren zum **10-jährigen Bestehen** seines Restaurants. Mit einen Hauch von Vorfreude wünschen wir weiterhin bestes Gelingen und freuen uns auf die nächsten 10 Jahre genussvoller Zusammenarbeit!

REZEPTEMPFEHLUNG: REH-KOTELETT, PORTWEIN-APRIKOSEN-ZWIEBELSOSSE AN GEMÜSE UND KNAUTSCHI

ZUTATEN für 4 Portionen:

Rehrücken

600 g	Rehrücken, ausgelöst
	Öl zum Braten
	Salz, Pfeffer
400 g	Pfifferlinge
40 g	Butter
	Kümmelsalz

Knautschi

500 g	gekochte, gepresste Kartoffeln
5 Stk.	Eigelb
100 g	Mehl
	Salz

Portwein-Aprikosen-Zwiebelsoße

30 g	Butter
2 Stk.	rote Zwiebel
100 g	Aprikosen (es gehen auch eingeweichte Getrocknete)
50 g	Blaubeerkonfitüre
50 ml	Portwein
200 ml	Bratensauce

Nach Belieben etwas Salz und Maisstärke zum Binden.

Einscannen und Rezept ansehen

Viel Freude!

ZUBEREITUNG:
Wie im Video gezeigt einfach Nachkochen!

RESTAURANT ANNA AMALIA

Das **Restaurant Anna Amalia** mit Seeterrasse befindet sich im königlichen Campingpark Sanssouci zu Potsdam. Seit 1990 wird dieses Anwesen von **Dieter Lübberding** geleitet. Freude am Leben, die Lust auf Aktivität und ein Herz für echte Gastfreundschaft – all das wiederspiegelt sein Motto „Einfach mal glücklich sein".

In kulinarischer Mission war *Topfgucker-TV* **2014** zu Besuch und durfte die Zubereitung der Roulade „Anna Amalia" mit Meisterkoch **Peter Schönborn** filmen. Dieses Rezept zählt nach wie vor zu den beliebtesten bei den Topfguckern auf *YouTube*. Regionale Spezialitäten, mit viel Liebe zubereitet, sind – wie die Zusammenarbeit mit Lieferanten aus der Umgebung – Teil des Erfolgskonzeptes.

Einscannen und Rezept ansehen

Einscannen und Beitrag ansehen

FREILANDGÄNSE SCHEMCKEN BESSER

2018 hat Peter Schönborn die Zubereitung eines **butterzarten Gänsebratens** sowie eine traditionelle **Suppe aus Gänseklein** und eine gebratene Gänseleber mit Apfelspalten und Zwiebeln gezeigt.

Doch worauf kommt es neben dem Kochhandwerk noch an? Natürlich auf die Qualität des Fleisches. So haben wir uns mit dem Lieferanten der Freilandgänse im **Spargelhof Kremmen** getroffen und unter dem Titel „Freilandgänse schmecken besser" einen Beitrag erstellt.

Überzeugen Sie sich selbst.

Nach den vielen Jahren, in denen Peter Schönborn seine Gäste durch „dick und dünn" genussvoll bekochte, wird nun die junge Generation mit einbezogen. Das Motto lautet: Ausbildung mit Perspektive. Vom Wissen und den Erfahrungen des Küchenmeisters profitieren die Auszubildenden auf ihrem Weg zu Jungköchen sehr. So sorgten sie als Team dafür, dass das Restaurant auf dem **1. Platz bei Tripadvisor** und **Gastgeber des Jahres 2022** in Potsdam zu finden ist.

Welche Einflüsse die neue Generation mitbringt, sehen Sie im Rezeptbeitrag **„Fischröllchen mit Garnelen und gegrilltem Reis"**.

Einscannen und Interview anschauen

Doch wie gelingt der Kraftakt, alle Herausforderungen im Jahr 2022 zu meistern? Die Antworten kennt der Mann, der seit 1990 die Zügel erfolgreich in der Hand hält: Dieter Lübberding. Lebenserfahrungen und Wissen, gepaart mit einem Motto, das Kraft gibt, sind die Voraussetzungen dafür, dass das **Restaurant Anna Amalia** auch weiterhin ein Anziehungspunkt bleibt.

Das **Interview mit Peter Lübberding** finden Sie im Gastgeberprofil bei *Topfgucker-TV.de* oder QR-Code einscannen.

REZEPTEMPFEHLUNG: ZUBEREITUNG EINER BRANDENBURGER FREILANDGANS IM OFEN GEBACKEN

ZUTATEN für 4 Portionen:

5–6 kg	Freiland Gans
2–3	große Zwiebeln
2–3	Äpfel
	Beifuß/Thymian
	Salz/Pfeffer

VORBEREITUNG:

Die Gans waschen.

ARBEITSZEIT:

ca. 20 Minuten /
Backzeit: 3–4 Stunden

Einscannen und Rezept ansehen

ZUBEREITUNG:

Die Gans in einen Bräter auf die Innereien legen und innen kräftig mit Salz, Pfeffer und den Kräutern würzen. Anschließend mit den geviertelten Zwiebeln und Äpfeln füllen. Außen salzen und mit der Brustseite auf die Innereien legen. Bei 140° C im Dampfgarer oder im Herd zugedeckt mit Wasser langsam garen. Nach ca. 20 Minuten wenden und für 20 Minuten bei hoher Temperatur 180° C anbraten. Anschließend bei niedriger Temperatur 120° C, je nach Größe der Gans, 3 Stunden schmoren.

KONTAKTDATEN

Anna Amalia Restaurant in Potsdam
An der Pirschheide 41 · 14471 Potsdam

Telefon: +49 331 967 93 616
Telefax: +49 331 951 33 297
E-Mail: info@anna-amalia-restaurant.de
Web: www.anna-amalia-restaurant.de

Weitere **Infos** zum **Gastgeber** und alle **Rezepte** finden Sie bei ***Topfgucker-TV.de*** oder unter dem QR-Code.

Als „hemdsärmelig und zugänglich" beschrieb sich **Chefkoch Jörg Mergner** in seinem ersten Rezeptbeitrag bei *Topfgucker-TV* im Jahr 2014 selbst. Ja, und genau so haben wir ihn kennengelernt. Den Chefkoch eines Grandhotel, wo man eher Förmlichkeit und Distance erwartet. Er hat seine Gäste und sein Team begeistert – kulinarisch und menschlich.

2021 ist Jörg Mergner verstorben. Wir bedanken uns für die vielen gemeinsamen Dreharbeiten. Sein guter Geist lebt weiter auch in Form der kulinarischen Hinterlassenschaft bei *Topfgucker-TV*.

Einscannen und alle Rezepte ansehen

Einscannen und Interview anschauen

MIT DEM HAUSHERRN IM GESPRÄCH

Der **Direktor Marten Schwass** leitet das **Hotel Taschenbergpalais Kempinski in Dresden** seit vielen Jahren und gibt der faszinierende Ausstrahlung diese großartigen Hauses ein Gesicht.

Die Geschichte des Taschenbergpalais reicht bis 1705 zurück als König August der Starke dies als Stadtpalais für Gräfin Cosel vorsah. Es liegt neben dem Residenzschloss sowie direkt gegenüber dem Dresdner Zwinger. Der Name Taschenberg leitet sich von einem heute nicht mehr erkennbaren Hügel, auf dem das Gebäude erbaut wurde, ab. Im 2. Weltkrieg teilweise zerstört, fanden sich erst 1992 Investoren, die das Taschenbergpalais als Grand Hotel Kempinski aufbauten – für Dresden ein großer Gewinn. Nach 30 Jahren wird das Haus im Jahr 2023 saniert.

Wie hat der Direktor des Hauses die letzten Jahre erlebt und was dürfen seine Gäste auch in Zukunft erwarten? Dies alles sehen Sie im **Interview mit Marten Schwass**.

KONTAKTDATEN

Hotel Taschenbergpalais Kempinski Dresden | Palais Bistro
Taschenberg 3 · 01067 Dresden

Telefon: +49 351 4912 710
Reservierung: *palaisbistro.taschenbergpalais@kempinski.com*

Weitere **Info's** zum **Gastgeber** und alle **Rezepte** finden Sie bei ***Topfgucker-TV.de*** oder unter dem QR-Code.

Tobis Moc ist der neue Küchendirektor und zeigt uns seine kulinarische Empfehlung für das **Palais Bistro**. Eine schöne Inspiration, die Lust auf einen Besuch im Palais Bistro macht. Authentisch, mit deutsch-französischen Einflüssen, ist es der ideale Platz im Herzen von Dresden. Ob für ein Dinner zu zweit, den schnellen Bistro Lunch zur Mittagszeit oder einen Abend mit Freunden – in der warmen Jahreszeit auch auf der Schlossterrasse mit Blick zum Grünen Gewölbe oder im Innenraum mit charmant frankophilem Ambiente.

Doch es gibt noch mehr für Gourmets zu entdecken. Das vielseitige Angebot des Hotel Taschenbergpalais Kempinski Dresden begeistert den Feinschmecker an fünf Genussorten mit kulinarischer Vielfalt. *Topfgucker-TV* freut sich auch weiterhin über kulinarische Empfehlungen zu berichten!

REZEPTEMPFEHLUNG: LUFTIGE SEMMELKNÖDEL

ZUTATEN für 4 Portionen:

600 g	Altbackenes Weißbrot in Würfel geschnitten
300 ml	warme Milch
3	Eier Größe L
	Salz
	Pfeffer
	frische Petersilie
	frischer Schnittlauch
	Majoran

Einscannen und Rezept ansehen

ZUBEREITUNG:

Milch mit Majoran, Salz und Pfeffer erwärmen und über das altbackene Weißbrot gießen. Die Eier mit den Kräutern aufschlagen und ebenfalls zugeben. Jetzt alles vorsichtig, ohne Druck, vermengen und unterheben, bis die Milch komplett aufgenommen wurde. Abschmecken und gegebenenfalls nachschmecken. Jetzt in die gewünschte Form bringen, wobei alles möglich ist; rund, Rolle als Platte oder rechteckig. Fest in Frischhaltefolie und danach in Aluminiumfolie einschlagen und in einem Topf mit leicht siedendem Wasser 30 Minuten ziehen lassen.

Nach der halben Stunde die Knödel herausnehmen und noch 10 Minuten ziehen lassen.

TIPP Etwas Rührei unter Masse heben, und der Knödel wird noch luftiger!

Wohl bekomm's!

Das ganze Rezept **Roastbeef mit marinierten Kräuterseidlingen, geräucherten Möhren und Semmelknödel** finden Sie unter dem **QR-Code**.

Mit einer **„Brust vom Kikokhuhn, sous-vide gegart an Salat von Zuckerschoten und Onsen Ei"** begeisterten Stefanie und Andreas Scholz alle Topfgucker das erste Mal im Jahr 2014. Damals noch im **Restaurant Anastasia**.

Auch wenn sich die Lokation und der Name geändert haben in **Restaurant Andreas Scholz im Hotel Alt Weimar**, so ist die Handschrift der Küche geblieben – jung, modern und gehoben. Andreas Scholz zählt zu den besten Köchen in ganz Thüringen, auch begründet in seinem Werdegang, welcher durch die verschiedensten (Sterne-)Restaurants führte.

Einscannen und Rezept ansehen

Einscannen und Rezept ansehen

DER LANGE WEG ZUM ERFOLG

Angefangen hat alles am Tegernsee, dann ging es nach Stockholm. Es folgten Stadtionen in Deutschland, Frankreich und Österreich, bis endlich das Ziel erreicht wurde: Weimar.

Andreas Scholz erzählt in unserem Gespräch über „Kontinuität und Zusammenhalt" mit seiner lieben Frau Stefanie. Das hat beide in den letzten Jahren getragen und die Kraft gegeben, Hindernisse zu überwinden. Neben den wirtschaftlichen und gesellschaftlichen Gegebenheiten, verlangt dieser Beruf auch seinen gesundheitlichen Tribut. Langes Stehen, Hitze, schweres Heben und die hohen Anforderungen, auch in stressigen Situation das beste auf den Teller zu geben, sind charakteristisch für den Beruf eines Kochs. Schon aus dem Grund sollte es eine „Berufung" für jeden, der sich diesen Weg aussucht, sein. Andreas Scholz hat in einem Jahr 25 kg abgenommen und blickt zuversichtlich in die Zukunft. Seine Frau Stefanie sorgt für das Wohl der Gäste mit hervorragendem Service.

KONTAKTDATEN

Restaurant Andreas Scholz im Hotel Alt Weimar
Prellerstraße 2 · 99423 Weimar

Telefon: +49 3643 86190
E-Mail: info@restaurant-andreas-scholz.de
Web: www.restaurant-andreas-scholz.de

Weitere **Info´s** zum **Gastgeber** und alle **Rezepte** finden Sie bei ***Topfgucker-TV.de*** oder unter dem QR-Code.

Ein Besuch im **Restaurant Andreas Scholz** lohnt sich und kann der Ausgangspunkt für eine kleine Exkursion durch Weimar sein. *Topfgucker-TV* bedankt sich für die langjährige Zusammenarbeit.

Wir freuen uns auch in Zukunft auf genussvolle Momente aus Thüringen mit **Andreas & Stefanie Scholz**.

Alle Rezepte finden Sie im Gastgeberprofil bei *Topfgucker-TV.de* den QR-Code einscannen.

REZEPTEMPFEHLUNG: IBERICO³ | KAROTTE | GRIESS

ZUTATEN für 4 Portionen:

300 g	Presa Iberico
2 Stk.	Magerbäckchen
300 g	Pluma
1 Stk.	weiße Zwiebel
2 Essl.	Umami Heiko Antoniewicz
0,1 l	Rotwein
0,1 l	Kalbsjus
je 1	Bund Fingermöhren orange, gelb, blau

Für die Grießnocken (glutenfrei)

500 ml	Milch
25 g	Butter
125 g	Polenta (Maisgrieß)
35 g	Eigelb
	Salz, Muskatnuss

ZUBEREITUNG: Butter in Milch aufkochen und abschmecken. Grieß unterrühren und quellen lassen. Die Eigelbe zugeben und schnell unterarbeiten. In ein Blech streichen und kaltstellen. Jetzt in Rauten schneiden oder in Halbmonde ausstechen.

Alles weitere, wie im Video gezeigt, zubereiten.

Guten Appetit!

HINTERGUNDWISSEN:

Presa ist das Schulterstück, der sogenannte Nackenkern. *Pluma* ist der Rückendeckel, die dreieckige Spitze des Rückens vom Schwein. Es ist ein flaches Stück und eines der delikatesten Teile vom Iberico-Schwein. Die *Schweinebäckchen* sind bekannt und ein wahrer Hochgenuss.

Andreas Scholz zeigt drei verschiedene Zubereitungsarten und als Beilage glutenfreie Nocken aus Maisgrieß.

Natürlich es gibt auch eine Weinempfehlung!

Einscannen und Rezept ansehen

Glück auf aus dem Hotel Forstmeister!

Einscannen und Rezept ansehen

Verbundenheit zur Region, die Achtung vor den Menschen, die hier ihre Wurzeln haben und hier leben, die Verantwortung gegenüber unserer Umwelt – dazu haben sich **1990** vier gleich gesinnte Gastronomen im **Hotel Forstmeister Schönheide** entschieden. Die einfache traditionell vogtländische Lebensart als kulinarisches Abbild vorzustellen und zu pflegen war das Ziel. **Seit 2013** begleiten wir eine der Gründerin. Es ist die Hausherrin und Chefköchin **Cornelia Göpel**. Eines der ersten und beliebtesten Rezepte ist **„Pfefferkuchen nach Oma Walli"**. **2020** haben wir den Beitrag aktualisiert. Dieses Weihnachtsgebäck lädt die ganze Familie zum Mitmachen ein. Das Beste an diesen Pfefferkuchen ist, dass man sie auch am selber Tag noch genießen kann.

Einscannen und Rezept ansehen

ZUTATEN AUS DER NATUR: BLÜTEN AUF DEM KNÖDEL

Das **Hotel Forstmeister** liegt eingebettet zwischen dem Vogtland und Erzgebirge, in wunderschöner Natur. Dies war einer der Gründe, warum Cornelia Göpel sich entschloss, eine Ausbildung als Kräuterpädagogin zu absolvieren. Nun können auch ihre Gäste davon profitieren. Unter dem Motto „Naturpark Erzgebirge/Vogtland – Schatzkammer" werden **Kräuterwanderungen** und weitere Aktivitäten in der Natur angeboten. Auch bei unseren Dreharbeiten konnten wir lernen, dass das vermeintliche Unkraut wie auch schöne Blüten äußerst schmackhaft und gesund sind. Vom **Blütenknödel** bis zum Wildschweinschnitzel mit Brennnesselsamenkruste, war es immer wieder eine kulinarische Bereicherung aus dem Forstmeister zu berichten.

KONTAKTDATEN

Hotel Forstmeister Schönheide im Erzgebirge
Auerbacher Straße 15 · 08304 Schönheide

Telefon: +49 37755 63 0
E-Mail: rezeption@forstmeister.de
Web: www.forstmeister.de

Weitere **Info´s** zum **Gastgeber** und alle **Rezepte** finden Sie bei ***Topfgucker-TV.de*** oder unter dem QR-Code.

Die Zeit **2020–2022** war auch für die Küchenchefin eine schwere Zeit. Durch die coronabedingte Kurzarbeit, verlor Cornelia Göpel fast alle Köche. Die Posten wie Gemüsekoch, Suppenkoch, Saucenkoch, Entremetier, an der „Posten-Küche" blieben unbesetzt. Personalmangel und keine Änderung in Sicht … „Doch den Kopf in den Sand stecken, kam nicht in Frage …" so die Hausherrin in unserem Interview. Mit 61 nahm sie, gemeinsam mit Ihren Geschäftspartnern, das Risiko einer großen Investition auf – weg von der Posten- hin zur Prozess-Küche. Das Ergebnis begeistert das ganze Team. Nachhaltig, effizient und frisch wird nun auf Abruf produziert. Wenn das Mise en Place stimmt, kann nichts mehr passieren. „Ziel ist, uns noch zu verbessern in den Abläufen …" so Cornelia Göpel und das haben sie nun geschafft. Erfahren Sie mehr im ganzen Interview.

Einscannen und Interview anschauen

Kevin Kunze ist einer der Köche, die nicht dem Ruf des Geldes, sondern seinem Herz gefolgt ist. Er steht fest an der Seite von Cornelia Göpel und führt leidenschaftlich die erzgebirgisch-vogtländische Küche mit modernen Akzenten weiter.

Wir freuen uns über die kulinarische Empfehlung, die sicher auch Sie begeistern wird:

REZEPTEMPFEHLUNG: ERZGEBIRGISCHE WICKELKLÖSSE MIT WILDKRÄUTERN, NEU INTERPRETIERT

ZUTATEN für 4 Portionen:

1 kg	Kartoffeln
4 Stk.	Eier
400 g	Mehl
	Salz
	Muskat
200 g	Semmelbrösel
200 g	Butter
2 handvoll	Kräuter

ZUBEREITUNG:

Kartoffeln mit der Schale am Vortag kochen. Die Kartoffeln schälen, durchdrücken oder fein reiben. Mit den Eiern, Gewürzen und dem Mehl zu einem Teig vermengen. Den Teig in gleichgroße Stücke teilen und mit dem Nudelholz ausrollen. Die Semmelbrösel mit der zerlassenen Butter mischen und die fein gehackten Kräuter untermengen. Diese Masse auf den Teig streichen. Nun die Teigplatten zusammenrollen und die Enden fest zusammendrücken. Wickelklöße in Salzwasser ca. 20 Minuten garziehen lassen.

Wickelklöße passen gut zu deftigen Gerichten mit viel Soße.

„Glück auf" aus dem schönen Erzgebirge!

Einscannen und Rezept ansehen

Traditionelle Gastlichkeit in Frauenhand

Einscannen und Rezept ansehen

Es geschieht selten, dass eine Frau, trotz Familie mit Kindern, über viele Jahre als Küchenchefin fungiert. Doch **Gabriele Schnee** hat es geschafft, gemeinsam mit Ihren Mann, der ihr selbstlos das Sagen in der Küche überlässt und auf administrativer Ebene den Rücken frei hält. Das Kochen ist nicht nur die Leidenschaft von Gabriele Schnee, sondern auch von der Picke auf erlernt.

Französische Einflüsse vereint mit traditionellen Gerichten sind das Markenzeichen von Chefköchin Schnee. Bei unserem ersten Besuch im Jahr **2015** wurde ein „Rosa gebratener Rehrücken unter der Walnuss-Brotkruste und karamellisierter Preiselbeerbirne" für den Videorezepte-Kalender zubereitet. Was für ein Erfolg. Nicht nur die Optik, auch die Art und Weise der Zubereitung, hat den Geschmack der Topfgucker und Gästen getroffen. **2019** haben wir diesen Beitrag nochmal neu auf *Topfgucker-TV* publiziert.

Einscannen und Interview anschauen

LIEBEVOLLE HANDARBEIT GEPAART MIT TATKRAFT

Die Speisen werden liebevoll und in Handarbeit frisch zubereitet. Wert wird auch auf hochwertige Rohstoffen gelegt. Doch auch im **Gasthof Pretzsch** hat die letzte Zeit Spuren hinterlassen. Die aktuelle Situation fordert und braucht Tatkraft um weiter zu bestehen. Eine kuragierte und engagierte Frau spricht mit uns über aktuelles und auch über das, was Sie als Gast hier erwarten dürfen.

Denn der Gasthof Pretzsch, nahe der schönen Stadt Freyburg, befindet sich im Burgenland, in einem der nördlichsten Weinanbaugebiete Deutschlands. Genießen Sie ein Gläschen vom Unstrutwein mit

KONTAKTDATEN

Gasthaus Pretzsch
Am Anger 6 · 06632 Zscheiplitz

Tel.: : +49 34464 27311 · Fax: : +49 34464 29210
E-Mail: info@gasthaus-pretzsch.de
Web: www.gasthaus-pretzsch.de

Weitere **Info´s** zum **Gastgeber** und alle **Rezepte** finden Sie bei ***Topfgucker-TV.de*** oder unter dem QR-Code.

Blick zur Neuenburg von der der idyllischen Gartenterrasse oder im Kaminzimmer. Erfahren Sie mehr über diese starke Frau am Herd in unserem Interview und entdecken Sie alle Rezepte mit Zutaten im Gastgeberprofil bei *Topfgucker-TV.de*.

Unsere unten stehende **kulinarische Empfehlung** ist ein wahrer Klassiker, doch nicht ohne Grund kaum noch auf den Speisekarten der Restaurants zu finden! Woran das liegt und worauf Sie beim Nachkochen achten sollten, sehen Sie in dem sehr gelungenen Rezeptbeitrag von Chefköchin und Gastgeberin Gabriele Schnee.

REZEPTEMPFEHLUNG: RUMPSTEAK STRINDBERG AN PFIFFERLINGEN UND KARTOFFELBÄLLCHEN

ZUTATEN für 6 Portionen:

6 Steaks	200–250 g pro Person vom Färsen-Roastbeef, (möglichst gereift)
8	Eier
	Mehl 405
	Senf
3	kleine Zwiebeln (feingeschnittene Würfel)
	Salz
	Pfeffer

Viel Freude und bestes Gelingen!

ZUBEREITUNG:

Rumpsteaks leicht plattieren, mit Salz und Pfeffer würzen, auf Blech legen und die obere Seite mit Senf bestreichen. Feine Zwiebelwürfel drauf geben. Jetzt mit der bestrichenen Seite in eine Schale mit Weizenmehl legen und die andere Seite mit Senf bestreichen. Erneut Zwiebelwürfel darauf und die Steaks im Mehl vorsichtig wenden, damit die Masse am Steak bleibt.
Kleiner Trick: Etwas abgetrockneten Senf verwenden, der hält besser.

Nun Eier aufschlagen und die Steaks durch die Ei-Masse ziehen. Im heißen Fett in der Pfanne langsam ca. 8–10 Minuten braten. Auf Küchenkrepp kurz abtropfen lassen, damit das Fett etwas aufgesaugt wird.

Dazu passen gut gebratene Pfifferlinge oder Grillgemüse.

Einscannen und Rezept ansehen

Tradition und Gastlichkeit – 100 Jahre Familie Riedel im Deutschen Haus

Am **1. Juli 2022**, mittlerweile in **vierter Generation**, feierte die **Familie Riedel** im Deutschen Haus 100jähriges Jubiläum. Ereignisse wie Krieg, Hochwasser, Pandemie und den Waldbrand in der Sächsischen Schweiz im Sommer 2022 haben sie überwunden. **„Aufgeben gibt es nicht, denn es geht um Verantwortung …“**, so **Regina Riedel**, Inhaberin des Hauses. Und so haben auch wir von *Topfgucker-TV* das familiengeführte Unternehmen kennengelernt, kurz nach der Krönung von **Katja Riedel, zur sächsische Weinkönigin 2012/13**.

Einscannen und Rezept ansehen

Die erste kulinarische Empfehlung war das **Gefülltes Schweinerückensteak „Wolf Blechschmidt“**. Ein Rezept mit Tradition, welches dem gleichnamigen Baumeister, Wolf Blechschmidt, gewidmet ist. Er wacht über den Eingangsportal und gibt dem Haus und seinen Gästen seinen Segen. Genießen können Sie das Schweinerückensteak übrigens stilvoll in der **Blechschmidtklause im hauseigenen Restaurant**.

DER TRAUM VOM EIGENEN WEINBERG ERFÜLLT SICH

Die letzten Jahre hat sich die ehemalige Weinkönigin Katja Riedel einen ganz besonderen Wunsch erfüllt. Ein **eigener Weinberg** sollte es sein. Mittlerweile sind es zwei Weinberge, auf denen regional typische Reben angebaut werden, wie **Müller Thurgau, Weißburgunder, Grauburgunder** und **Spätburgunder**. Neben dem „Goldstück“ (Müller Thurgau) und können Sie auch einen feinen Schieler (Rotling) mit den Namen „Liebhaberstück“ genießen. Mit nur 200 Flaschen ist der **hauseigene Sekt** (Flaschengärung) eine ganz besondere Rarität.

KONTAKTDATEN

Romantik Hotel Deutsches Haus
Niedere Burgstrasse 1 · 01796 Pirna
Telefon: +49 3501 46880
Telefax: +49 3501 468820
E-Mail: info@romantikhotel-pirna.de
Web: www.romantikhotel-pirna.de

Weitere **Info´s** zum **Gastgeber** und alle **Rezepte** finden Sie bei ***Topfgucker-TV.de*** oder unter dem QR-Code.

Einscannen und Interview anschauen

Weinbergführungen, -verkostungen und -abende können die Gäste des Hauses genießen. Und das mit gutem Gewissen! Das Haus hält das **Prädikat „Besonders empfohlen im Weinland Sachsen"** inne für seine gastronomische Einrichtung mit gepflegter, weinbezogener Atmosphäre und sehr guten Kenntnissen des Servicepersonals über Sächsischen Weinanbau sowie das **touristische Angebot entlang der Sächsischen Weinstraße**. Das **Romantik Hotel Deutsches Haus** Pirna ist eng mit dem Sächsischen Weinbau verbunden und befindet sich am **Beginn der Sächsischen Weinstraße**, die auf der rechten Elbeseite bis Diesbar-Seußlitz führt.

Im Jahr **2018** haben wir mit dem **Küchenchef Sven Petzold** das für die Sächsische Schweiz so typische Gericht **„Krautwickel an Kartoffelstampf"** vorgestellt. Mehr als 35.000 Topfgucker haben sich dieses Video bereits angesehen. **Eine Küche die geliebt wird!** Sie ist authentisch, frisch und traditionell mit modernen Einflüssen. Das ist auch ihr Ziel, wie uns Katja Riedel in unseren Interview verrät. Gemeinsam mit dem Küchenchef werden die 100 Jahre alten Speisekarten und Rezepte durchsucht. Davon inspiriert gibt es immer wieder **neue Kreationen, die Vergangenes mit der Moderne vereinen**. Ähnlich ist es in einem Familienunternehmen, in dem zwei Genration gemeinsam an dem einen Ziel arbeiten. Geht dies ohne Reibungspunkte? Wie gelingt es, zwei unterschiedliche Sichtweisen zu vereinen: den Erfahrungsschatz im Alter, mit der Frische der Jugend? Auf diese Fragen antwortet Regina Riedel in unserem Gespräch.

REZEPTEMPFEHLUNG: FORELLENFILET IM WEINBLATT

ZUTATEN für 5 Portionen:

16–20	Weinblätter
5	Forellen
2–3	Birnen
25	Walnusskerne
25	Traubenbeeren
½	Zitrone
	Weißwein/Rotwein
	Butter
	Salz
	Pfeffer
	Zucker

Alles anrichten, Guten Appetit!

ZUBEREITUNG:

Forellen waschen, filetieren, Haut abziehen. Anschließend das Filet mit Salz und Pfeffer würzen. Die Weinblätter in einem Sud aus 1 Liter Wasser, reichlich Salz, 1 Esslöffel Zucker und Saft ½ Zitrone 4 Minuten blanchieren, abtupfen, Forellenfilet einpacken und in Butter langsam garen.

Birnen schälen und in Spalten schneiden, Walnüsse blanchieren und abziehen, Weinbeeren zurecht legen. Wenn die Forellen nach ca. 8–10 Minuten fast fertig sind, die Birnen mit etwas Zucker und Butter in einen Topf geben, Walnusskerne und Beeren zugeben, mit Wein ablöschen.

Einscannen und Rezept ansehen

Regionale Köstlichkeiten, kulinarisch entdecken im FLAIR HOTEL REUNER

Einscannen und Rezept ansehen

Daniel Reuner begleitet Topfgucker-TV bereits seit 2013. Damals zeigte **„Hähnchen-, Paprika-, Physalispfanne“**. Getreu seiner Philosophie, im Einklang mit der Natur und aus Liebe zu den Gästen, wurden ökologische Aspekt weit vor der jetzigen „Zeitenwende“ in dem Familienunternehmen berücksichtigt. Sei es Unabhängigkeit bei der Energiegewinnung oder Landwirtschaft. Die eigene Versorgung mit frischen, saisonalen Gemüse und Obst sowie die artgerechter Haltung von Wollschweinen, Kameruner Wildschafen sowie Geflügel, sind ein Teil der Philosophie die im Familienbetrieb gelebt wird.

TRADITIONSBETRIEB SEIT 1994

Daniel Reuner war **Koch des Jahres 2012**, zählt zu den „Top Ausbildern“, zog als einziger Deutscher in die Endrunde der *Olympiade der Köche D3 Gemüseschnitzen* ein. Das Hotel hat weit über die Grenzen von Zossen einen guten Ruf. Auch **2022** wurde das Hotel als **Gastgeber des Jahres** ausgezeichnet bei der Qualitäts- und Marketinginitiative „Brandenburger Gastlichkeit“.

Doch auch bei den Reuners hat alles mal ganz klein angefangen. Nach der Wende 1994 kauften die Eltern ein Grundstück, worauf sich ein Hotel mit 17 Zimmern befand. Heute ist es ein stattliches Anwesen mit insgesamt 30 Betten, Wintergarten, Tagungsräumen und sogar einem Stellplatz für Campingwagen.

KONTAKTDATEN

Flair Hotel Reuner | Restaurant 1A
Machnower Chaussee 1 · 15806 Zossen

Telefon: +49 3377 301370
E-Mail: info@hotel-reuner.de
Web: ww.hotel-reuner.de

Weitere **Info´s** zum **Gastgeber** und alle **Rezepte** finden Sie bei ***Topfgucker-TV.de*** oder unter dem QR-Code.

FLAIR HOTEL REUNER

Aber wirklich entscheidend für Daniel Reuner ist, dass man schon frühzeitig die Weichen in die richtige Richtung stellt. Sei es in wirtschaftlichen Belangen, wie z. B. beim Personalmanagement durch qualifizierte Fachkräfte und Auszubildende, die Investition in nachhaltige Energiegewinnung oder sei es die eigene Familientraditionen, wo das Zepter des Hotels schon frühzeitig und spielerisch an die nächste Generation weitergegeben wird.

Einscannen und Interview anschauen

Wie das passiert, sehen Sie eindrucksvoll in dem Rezeptbeitrag, mit Tochter Leni (10 Jahre) und ihrem Papa als Beikoch.

Es ist die Begeisterung für das Geschaffene, die Daniel Reuner verkörpert, als er uns während unseres Interviews durch sein Anwesen führt. Lassen auch Sie sich entführen und fühlen sich willkommen im Flair Hotel Reuner, am Speckgürtel von Berlin gelegen, in herrlicher Landschaft unweit von Potsdam, Berlin oder den Seenlandschaften Brandenburgs.

Frisch im Garten geerntet und zubereitet zeigt Leni Reuner nun ihre kulinarische Empfehlung:

REZEPTEMPFEHLUNG: ZUCCHINI-KARTOFFEL-RÖSTI

ZUTATEN für 4 Röstis:

250 g	Kartoffeln (mehligkochend)
250 g	Zucchini
2	Eier
90 g	Mehl
	Muskat
	Salz
	Pfeffer
	Pfanzenöl

ZUBEREITUNG:

Kartoffeln und Zucchini mit einer feinen Reibe reiben, Eier dazugeben und Mehl hinzu sieben. Dann mit Muskat, Salz und wenig Pfeffer abschmecken. Öl in einer beschichteten Pfanne erhitzen und den Puffer von beiden Seiten goldgelb braten.

TIPP Röstis bis zum Servieren im Ofen bei ca. 60 °C warm halten.

Einscannen und Rezept ansehen

Weltoffen mit regionalem Bezug und Wurzeln

Früher wurde in der **Obermühle Görlitz** Getreide zu Mehl gemahlen – heute ist ein kleines Refugium mit vielen einzelnen Pfeilern, welche für ein in sich stimmiges Unternehmen stehen. Viel Herzblut und Leidenschaft hat **Inhaber Jörg Daubner** investiert. Als gelernter Koch und studierter Wirtschaftsphilosoph, stellt er sich erfolgreich großen Herausforderungen. **2016** haben wir Jörg Daubner das erste Mal besucht. Damals präsentierte er uns eine anspruchsvolle Küche mit französischen Wurzeln: „Im **Yufka** gebackener weißer Schimmelkäse, mit klarem Erdbeercappuccino und Erdbeer-Basilikum-Coulis", siehe Foto.

Einscannen und Rezept ansehen

Einscannen und Interview anschauen

GASTRONOMIE ALS GESELLSCHAFTSMODELL

Mittlerweile hat sich viel getan. Von anfänglich 13 Mitarbeitern ist das Unternehmen auf 30 gewachsen und das in einer der wirtschaftlich schwächsten Regionen Deutschlands. Trotz allem setzt Jörg Daubner auf Nachhaltigkeit als oberste Priorität. Er repräsentiert seine ganze Lebenseinstellung und verbindet Menschen unterschiedlicher Kulturen, Nationalitäten und sozialer Hintergründe. Bei dem Geschäftsmodell „Obermühle" löst er sich vom Fokus auf wettbewerbsorientierte Gewinnmaximierung, sondern arbeitet lieber mit anderen Gastronomen der Stadt Görlitz zusammen. Die **Slow-Food-zertifizierte Obermühle** setzt auf den konsequenten Bezug regionaler Produkte in Bio-Qualität. Doch auch wenn das Handeln von Idealismus und Leidenschaft geprägt ist, geht die Realität nicht an Görlitz vorbei. Die steigenden Preise, die Wirtschaftskrise, der Klimawandel machen hier nicht halt. Kann das Konzept von Jörg Daubner dann überleben? Die Antwort wird die Zukunft zeigen. Im „Hier" und „Jetzt" werden jedoch die Weichen gestellt; dazu mehr im Interview.

KONTAKTDATEN

Obermühle Görlitz
An der Obermühle 5 · 02826 Görlitz

Telefon: +49 03581 879832
E-Mail: info@obermuehle-goerlitz.de
Web: www.obermuehle-goerlitz.de

Weitere **Info´s** zum **Gastgeber** und alle **Rezepte** finden Sie bei ***Topfgucker-TV.de*** oder unter dem QR-Code.

Eine der Stärken von Jörg Daubner ist, Dinge auch zu Ende zu denken. So wurde schon weit vor der Krise in ein **eigenes Wasserkraftwerk** zur Energiegewinnung investiert. Bei der Verarbeitung von Rohstoffen wird auch auf die Resteverwertung geachtet und auch beim Personalmanagement zeigen sich keine Probleme.

Vielleicht wollen Sie ja neben einen genussvollen Restaurantbesuch auch ein entspanntes Wochenende in der **Obermühle Görlitz** genießen? Das ist möglich im hauseigenen Hotel. Direkt am Grenzfluss der Neiße gelegen, können Sie zu Fuß, mit dem Fahrrad oder sogar mit einem der hauseigenen Ruderboote die wunderschöne Umgebung erkunden. Besuchen Sie die Filmstadt „Görliwood" oder verbringen Sie den Tag entspannt am Berzdorfer See. **Konrad Lehel** ist Chefkoch in der Obermühle Görlitz. Das Motto lautet **„Farm to Table"** direkt vom Feld auf den Teller. So wird im unten vorgestellten Rezept der frisch geerntete Hokkaido Kürbis zu einer Ravioli-Füllung verarbeitet und als Beigabe in Spalten geschnitten und geröstet. Die Sauce aus weißen Tomatenschaum ummantelt die frisch zubereiteten Ravioli. Es ist eine sehr gelungene kulinarische Empfehlung, die jeden Pasta-Liebhaber wahre Glücksmomente schenkt und den „eingefleischten" Vegetarier genussvoll bestätigt.

REZEPTEMPFEHLUNG: KÜRBISRAVIOLI

ZUTATEN für 4 Portionen:

2 Stk.	Vollei
2 Stk.	Eigelb
250 g	Mehl
50 g	Hartweizengrieß
1 TL	Wasser
1 TL	Olivenöl

ZUBEREITUNG:

Die Zutaten bis auf 1 Eigelb und 50 g Mehl vermengen und gut durchkneten. Bei Bedarf noch etwas Wasser oder Mehl zugeben, um eine gute Konsistenz zu erhalten. Den Teig im Kühlschrank für ca. 10 Min ziehen lassen. Danach den Teig mit einer Nudelmaschine ausrollen. Die 50 g Mehl, die wir am Anfang übrig gelassen haben, helfen, dass der Teig nicht an der Maschine oder dem Tisch klebt. Die ausgerollten Bahnen halbieren und zurecht legen. Mit einer kleinen Tasse oder Ähnlichem die Stellen für die Füllung markieren und mit Eigelb bepinseln. Die Füllung auf die markierten Stellen geben und mit der zweiten Bahn Teig abdecken.

Mit unserer kleinen Tasse den Teig über den Stellen mit der Füllung leicht andrücken und danach die Raviolis zuschneiden. In Salzwasser ca. 5 Minuten kochen und danach durch etwas erhitzte Butter ziehen und mit etwas gehackten Kräutern (z. B. Basilikum oder Knoblauchgras) versehen.

Einscannen und Rezept ansehen

Viel Freude beim Ausprobieren.

KULINARISCHE ABENTEUER UND SPÜRBARE NACHHALTIGKEIT

„Essen ist ein Stück Lebensfreude" – diese kurze Aussage ist für **André Meyer** mehr als nur eine Feststellung, sondern seine Philosophie. Seit 2001 betreibt der Oberlausitzer den alt-bekannten Berggasthof **Beckenbergbaude** in Eibau. Mit nur 21 Jahren machte er sich also auf den Weg in die Selbstständigkeit, nach seiner Kochausbildung! Seine gesamte Ausrichtung stand von Anbeginn unter dem Motto der Nachhaltigkeit. „Schon als junger Mensch habe ich mich für den Artenschutz und die Vielfalt engagiert. Es ist meine persönliche Überzeugung, die ich unbedingt auch in meinem Lokal umsetzen wollte", so André auch in unserem Interview.

Einscannen und Rezept ansehen

Einscannen und Interview ansehen

Und so war es nur eine Frage der Zeit, dass **2013** der erste biozertifizierte Berggasthof in Sachsen/Oberlausitz entstand. Das war der Zeitpunkt als *Topfgucker-TV* auf André Meyer aufmerksam wurde. Mit dieser Oberlausitzer Spezialität kochte er sich in die Topfgucker Herzen: **„Stupperle mit Schwarzbier-Weißkraut und gebratener Blutwurst"**. Sie wollen wissen was Stupperle sind? Das sehen Sie auf dem Foto oben und im Videorezept. **2018** standen wieder Veränderungen, d.h. eigentlich ein weiterer Schritt in die richtige Richtung, an. André Meyer eröffnete seine **eigene Kochschule** auf dem Beckenberg. War es Fügung, Berufung oder Neuorientierung, die André Meyer immer weiter antrieben auf seinem kulinarischen Weg? Und wie schafft der dreifache Familienvater alles unter einen Hut zu bringen?

Dies und einiges mehr verrät er uns in seinem Interview. Hobby- bis Profiköche und sogar Kochmuffel sind herzlich eingeladen, in gemütlicher Runde gemeinsam mit André zu kochen. Nicht nur die Oberlausitzer Kochgeheimnisse werden gelüftet, auch internationale Themen werden schmackhaft aufbereitet.

KONTAKTDATEN

Kochschule André Meyer
Bio-Berggasthof „Beckenbergbaude"
Beckenbergstraße 5 · 02739 Eibau OT Kottmar

Tel.: +49 3586 387673
E-Mail: info@beckenbergbaude.de
Web: www.beckenbergbaude.de

Weitere **Info´s** zum **Gastgeber** und alle **Rezepte** finden Sie bei ***Topfgucker-TV.de*** oder unter dem QR-Code.

REZEPTEMPFEHLUNG: TEILCHELMAUKE

Die **Teilchelmauke** ist ein fast vergessenes Essen aus der Oberlausitz. Doch woraus besteht dieses Gericht? Es geht um die Begrifflichkeiten „Mauke" und „Teichel"!

André Meyer heißt Sie willkommen in seiner Kochschule und zeigt auf anschauliche Weise, wie auch Sie zu Hause einen kleinen „See" mit Inhalt auf den Teller zaubern können. Außerdem erklärt er den Unterschied, wann man das Fleisch bei einer Rinderbrühe kalt oder warm ansetzt. Und einen kleinen Insider, ganz am Ende, gibt es auch noch ...

Einscannen und Rezept ansehen

ZUTATEN für 4 Portionen:

1 kg	Kartoffeln
500 g	Kochfleisch (z. B. hohe Rippe)
1	Zwiebel
½ Stange	Porree/Lauch
¼ Knolle	Sellerie
2	Möhren
200 g	Sauerkraut
	Salz
	Pfefferkörner
	Lorbeerblätter Piment
	Majoran
	Petersilie

ZUBEREITUNG:

Ca. 2 Liter Wasser zum Kochen bringen, dass Fleisch in der Zwischenzeit waschen und in das kochende Wasser geben. Salz und Gewürze zugeben. Nach 1 Stunde das in Blättchen bzw. Würfel geschnittene Gemüse dazugeben. Wenn das Fleisch weich ist, herausnehmen und abkühlen lassen. Die Brühe etwas weiter köcheln lassen und bei Bedarf noch etwas mit Salz nachwürzen.

Etwas von der zubereiteten Brühe in einen Topf geben und die Kartoffeln darin weichkochen (ACHTUNG: kein zusätzliches Salz zufügen). Wenn diese weich sind, etwas Brühe in ein separates Gefäß geben. Nun die Kartoffeln und die Brühe zu einem Mus stampfen. Bei Bedarf weitere sepatate Brühe dazu geben. Mit etwas Majoran, Salz und Pfeffer den Kartoffelmus abschmecken.

Das Fleisch in kleine Würfel schneiden und in der Brühe mit dem Gemüse nochmals erwärmen. In einem separaten Topf das Sauerkraut erwärmen. Zum Anrichten kommt der Kartoffelmus (in der Oberlausitz Mauke genannt) auf einen tiefen Teller, mit der runden Seite der Kelle ein schönes Loch in die Mauke drücken. Das Fleisch mit dem Gemüse und der Brühe in dieses Loch (Teich, Teichel) geben. Am Rand noch etwas erwärmtes Sauerkraut dazu geben und mit Petersilie bestreuen.

Gutes Gelingen!

Merken Sie sich diese Kochschule unbedingt vor! Vielleicht wollen Sie mit Freunden gemeinsam kochen und dort auf dem Beckenberg im schönen Zittauer Gebirge der Oberlausitz übernachten.

ZWISCHEN KUNST UND KULINARIK

2015 fand die Eröffnungsfeier der **VLET Kochschule** statt, die mitten in der Hamburger Innenstadt liegt. Regional, bodenständig, lecker – ist das Motto. Und so wurde auch *Topfgucker-TV* auf den **Chefkoch Lars Möller** aufmerksam.

Bei unserem ersten Dreh zeigte er ein typisch regionales Gericht. Den **Hamburger Pannfisch aus Kabeljau mit Senfsoße und Schmorgurken**. Das Besondere bei diesem Video sind die detailreichen Erklärung und das Wissen, was vermittelt wird.

Einscannen und Rezept ansehen

Einscannen und Beitrag ansehen

Das Konzept der Kochschule sind interessante Themen. **Vom Hamburger „Fiensmecker" bis zu Kochen wie bei Muttern**, ist die Bandbreite der Angebote groß. Chefkoch Lars Möller begleiten wir seit 2015. Er ist verantwortlich für die kulinarische und kreative Leitung der VLET Kochschule. Der gebürtige Brandenburger verfügt über vielseitige berufliche Erfahrungen, die er im Anschluss an seine Ausbildung in Potsdam unter anderem in Österreich, in der Schweiz, in Großbritannien und schließlich in Hamburg, wo er als stellvertretender Küchenchef im VLET in der Speicherstadt fungierte, gesammelt und vertieft hat. Seine Philosophie gründet er auf **Regionalität**, die **Auswahl und Frische seiner Produkte** und eine **moderne Menügestaltung**.

Mit Liebe zum Detail möchte er Sie zu neuen Kocherlebnissen am heimischen Herd inspirieren und Ihnen kulinarische Genusserlebnisse mitgeben. Das kommt auch bei seiner Rezeptauswahl zum Ausdruck.

KONTAKTDATEN

VLET Kochschule in Hamburg
Dammtorwall 15 · 20355 Hamburg

Telefon: +49 40 2000 64 222
E-Mail: info@vlet-kochschule.de
Web: www.vlet-kochschule.de

Weitere **Info´s** zum **Gastgeber** und alle **Rezepte** finden Sie bei ***Topfgucker-TV.de*** oder unter dem QR-Code.

REZEPTEMPFEHLUNG: SCHNÜSCH MIT NUDEL | 60° EIGELB

Eine besondere Interpretation ist ein **Hamburger Rezept aus Omas Zeiten**. Eigentlich ist es ein Eintopf in dem das Gemüse in Milch gegart wird. Hier jedoch wird der Nudelteig aus Dinkelmehl zubereitet, eine mit Kartoffel abgebunden Milchsoße oder auch Ziegenjoghurtsoße, hergestellt und Gemüse wie gelbe, rote und geringelte Bete, auf Salz im Ofen gebacken.

Außerdem sehen Sie eine Möglichkeit Zwiebel zu schälen für „Faule" und ohne das die Augen brennen. Die 60° Grad Eier werden in Nussbutter schonend gegart und als Beilage gibt es Püree aus Pastinaken.

Einscannen und Rezept ansehen

ZUTATEN für 4 Portionen:

150 g	Dinkelmehl
150 g	Kamutmehl
10 Stk.	Eigelb
2 Ganze	Eier
1 El	Rapsöl
	Salz
300 ml	rote Bete Saft
	Butter

ZUBEREITUNG:

Eier, Eigelb, Rapsöl und Salz vermischen und zu dem Mehl geben. Alles zu einem elastischen Teig verkneten. Sollte er noch etwas bröckelig sein etwas Ei hinzugeben, ist er zu klebrig einfach etwas Mehl unterkneten. Nudelteig circa Stunde ruhen lassen damit sich der Mehlkleister entwickeln kann, andernfalls kann es passieren das der Teig reißt.

Nudelteig mit der Maschine auf die gewünschte Dicke ausrollen.

Wichtig: Während dem Teigausrollen immer etwas Mehl auf die Nudelplatten streuen.

Nudelplatten in circa 15 x 15 cm große Stücke schneiden und für eine Minute in kochendes Salzwasser geben. Rote Betesaft in der Pfanne reduzieren und mit kalter Butter binden. Nudelpatten darin glacieren, abschmecken und anrichten.

Das ganze Rezept mit Zutaten finden Sie im Gastgeberprofil VLET Kochschule bei *Topfgucker-TV.de*.

Gutes Gelingen!

Lust auf mehr leckere Rezepte aus Deutschlanads Norden?

Einscannen und Rezepte ansehen

„Der Topf ist rund, damit das Kochen die Richtung ändern kann." lautete das Credo von **Ralf Zacherl**.

Doch nicht nur beim Essen, sondern auch im Leben, sind es die verschiedenen Richtungen, die den Weg unvorhersehbar machen. Das mussten auch die Eltern von Ralf feststellen. Der Junge sollte studieren, sich bilden und nicht wie sie gefangen zwischen Gästen und Kochherd sein. Das er als Kneipenkind aufwuchs, sollte reichen. Soweit die elterliche Theorie. Die Praxis verlief – und das war gut so – dann doch ganz anderes. Ralf Zacherl setzte sich durch und machte eine Kochlehre. Anschließend waren es oft Fügungen, die ihn zu den verschiedenen Stadtionen und Lehrmeistern brachten.

Einscannen und Interview anschauen

AUFSTEIGER DES JAHRES

Es waren Persönlichkeiten wie Stefan Marquard, Harald Wohlfahrt, Eckbert Engelhardt, Graf Matuschka zu Greifenklau und Otto Koch, die ihn begleiteten und schliffen. Die Leidenschaft zum Kochen war die Basis um erfolgreich zu werden. 1997 erhielt **Ralf Zacherl** als jüngster Sternekoch im *Restaurant Graues Haus* seinen **ersten Michelin-Stern** und **16 Punkte im Gault Millau**. Als Mensch, der das Reisen liebt, ging es weiter nach Tunesien in das Gourmetrestaurant *Athenee Palace* in Djerba.

Seit 1999 lebt Ralf Zacherl in Berlin und prägt die kulinarische Vielfalt der Stadt. Ob als Aufsteiger des Jahres bei den Berliner Meisterköchen, bester Newcomer Gastro Award oder in Sterne-Restaurants in denen er arbeitete, wie das Rutz, (einziges 3-Sterne-Restaurant in Berlin im Guide Michelin), hinterließ er geschmackvolle Spuren. Seit **2015** betreibt er mit den Schmidts und seinem Kollegen Mario Kotaska das **Schmidt Z&Ko**, eine tolle Eventlocation in Berlin Steglitz/Friedenau mit Restaurant, Genussschule und Weinladen.

KONTAKTDATEN

Schmidt Z & KO
Rheinstraße 45 – 46 · 12161 Berlin
Telefon: +49 30 200039570
https://schmidt-z-ko.de

Weitere **Info´s** zum **Gastgeber** und alle **Rezepte** finden Sie bei ***Topfgucker-TV.de*** oder unter dem QR-Code.

Öffentliche Bekanntheit erlangte Ralf Zacherl 2003 mit seiner Sendung **Zacherl: Einfach kochen!** Es folgten verschiedene TV-Formate u. a. **Die Kochprofis**, Gastauftritte bei bei Kerner, Lanz und als Gastronomie-Coach in **Die Küchenchefs**. Auch heute ist Ralf Zacherl präsent z. B. bei **Sky Masterchef**, eines der erfolgreichsten Kochformate der Welt. Er bleibt in den Köpfen der Zuschauer – und das nicht nur wegen seines markanten Aussehens – Dank der einfachen und konstanten Frisur mit vollendendem Spitzbart. Es ist seine sympathische und offene Art sowie sein Kochstil.

Wir von ***Topfgucker-TV*** wissen es zu schätzen, dass Ralf Zacherl für eine kulinarische Empfehlung zugesagt hat. „Es ist etwas kleines, süßes, fruchtiges, mit einer sexy Optik“, so seine Worte. Überzeugen Sie sich am besten selber. Im übrigen können Sie Ralf Zacherl auch persönlich kennenlernen und einen Kochkurs bei ihm buchen – eine schöne Geschenkidee.

Wir wünschen Ihnen auf jeden Fall viel Freude mit Ralf Zacherl!

REZEPTEMPFEHLUNG: SCHOKOLADENKUCHEN OHNE MEHL | SALZKARAMELL | LIMETTENSCHMAND

ZUTATEN (Springform ca. 20 cm):

	Teig
200 g	Butter
200 g	Bitterkuvertüre, gehackt
4 Stk.	Eier
60 g	Zucker
80 g	Rohrzucker
½ Stk.	Vanilleschote
200 g	gemahlene Mandeln
2 TL	Backpulver
1 EL	Backkakao
	Butter zum Ausbuttern

ZUBEREITUNG:

Die Butter/Kuvertüre im heißen Wasserbad schmelzen lassen, dabei immer wieder mal umrühren. Den Backofen auf 180° C (Ober- und Unterhitze) vorheizen und die Springform ausbuttern und mit etwas Kakao bestäuben. Eier mit beiden Zuckersorten, Vanille, Ingwer, Meersalz in einer Küchenmaschine schaumig schlagen. Die Mandeln mit Backpulver/Kakao mischen und im Wechsel mit der flüssigen Schokoladenmischung unterrühren. Den Teig in die Form gießen, ca. 30 Minuten backen (wer ihn weiter mag, kann ihn auch länger backen) und ca. 15 Minuten in der Form abkühlen lassen.

Gutes Gelingen!

LECKER BEILAGE: JOGHURT – HIMBEER-SORBET

ZUTATEN für 4 Portionen:

150 g	Joghurt 10 % Fett
300 g	Himbeeren (gefroren)
1 EL	Honig
2–3 EL	Puderzucker
½	Vanilleschote
	Saft von ½ Zitrone

ZUBEREITUNG:

Den Joghurt für ca. eine Stunde in den Tiefkühler stellen. Nun alle Zutaten mit dem Mixer pürieren und viel Spaß beim Essen.

Einscannen und Rezept ansehen

Zu Besuch bei Maria Groß in der Bachstelze in Erfurt

„Regionalität, Nachhaltigkeit und Organics sind Bausteine unserer Philosophie." so **Maria Groß**, bekannt aus TV-Shows wie **Grill den Henssler**, **Kitchen Impossible** mit Tim Mälzer oder die **ZDF-Küchenschlacht**.

2019 haben wir Maria Groß und ihren Lebensgefährten Matthias in der **Bachstelze** in Erfurt besucht. Wir waren beeindruckt von der unkomplizierten und authentischen Art von Maria, auch bei den Dreharbeiten.

Einscannen und Interview anschauen

VON DER UNI IN DIE KÜCHE

Nachdem Maria ihr Philosophie- und Germanistik-Studium abgebrochen hat, beschloss sie mit 25 Jahren eine Ausbildung zur Köchin in einem Berliner Gourmetrestaurant zu machen. Der Grundstein einer besonderen Kariere wurde gelegt. 2013 erkochte sie ihren ersten Michelin-Stern im Mittelalter-Restaurant Lutherkeller. Sie war die **jüngster Sterneköchin** Deutschlands!

Mit so einem Titel ist man gefragt und so wurden auch die Produzenten von den quotenstarken Kochsendungen auf Maria aufmerksam. Es folgten viele Formate in dem Sie mit der Hautevolee der Kulinarik ihr Bestes gab z. B. *ZDF-Küchenschlacht*, bei Tim Mälzer in *Kitchen Impossible*, *Grill den Henssler* oder *The Taste* und weitere ...

Wer **Maria Groß** kennt, weiß jedoch, dass sie kein Mensch ist, der Werte über das Rampenlicht definiert. So brachte sie 2019 das Buch **„Gerne ohne Sterne"** mit ihren Lieblingsrezepten auf den Markt. Um so mehr haben wir uns gefreut, dass Maria auch ein sehr leckeres Rezept für alle „Topfgucker" gezeigt hat. Wir wünschen ihr und ihrem Lebensgefährten viel Erfolg in der Bachstelze und vielleicht haben wir ja Glück und dürfen Maria noch einmal in die Töpfe schauen.

KONTAKTDATEN

Restaurant Bachstelze
Hamburger Berg 5
99094 Erfurt

Telefon: +49 361 7968386
www.mariaostzone.de

Weitere **Info's** zum **Gastgeber** und alle **Rezepte** finden Sie bei ***Topfgucker-TV.de*** oder unter dem QR-Code.

MARIA GROSS

REZEPTEMPFEHLUNG: SPARGELSTRUDEL | SCHINKEN | SPINATSALAT

Dieses Rezept ist als Vorspeise geeignet und ein sehr schönes Gericht zur Spargelsaison. Maria nimmt Brik Teig für den Strudel. Dieser Teig wird in der nordafrikanischen Küche verwendet, um Teigtaschen herzustellen. Er besteht aus weichen Weizen-Teig wird sehr dünn ausgerollt und dann entweder als Fladen auf einem heißen Stein oder einem Blech ausgebacken.

Alternativ empfehlen wir Filoteig zu kaufen. Der Strudel wird hergestellt in dem man zwei der hauchdünnen Teigblätter übereinander legt und mit der Geflügelfarce bestreicht. Diese stellt Maria aus Hühnerbrust, etwas Sahne, blanchiertem Spinat und Semmelbrösel her. Alles fein mixen und mit Salz abschmecken. Auf die Farce kommen hauchdünne Scheiben von Schinken. Anschließend wird der gekochte Spargel (2 Stangen weiß, 2 Stangen grün) daraufgelegt. Den Spargel kocht Maria im übrigen in Wasser aus einem Teil Salz und Zucker.

Nun wird alles einrollt und wie ein Bonbon verpackt. In eine heiße Pfanne mit Butter langsam knusprig von allen Seiten angebraten. Anschließend kommt der Strudel bei **185° für 5 Minuten** in den Ofen.

Ein Teil des Spinates kurz in der selben Pfanne anbraten, mit Knoblauchpaste, Salz, Pfeffer und Muskat abschmecken. Den anderen Spinat als Salat servieren und ganz nach eigenem Geschmack vollenden. Alles weitere wie im Videorezept zu sehen anrichten.

Wir wünschen bestes Gelingen!

Einscannen und Rezept ansehen

Martin Müller der Shootingstar moderner Kulinarik

Einscannen und Interview anschauen

Als gebürtiger Berliner und Ältester von drei Geschwistern folgte **Martin Müller** seinem kulinarischen Ruf mit einer klassischen Ausbildung zum Koch. Doch das richtige Handwerk und die Luft der Haute Cuisine lernte er Tirol kennen. Ausgestattet mit viel Talent und Einfallsreichtum kehrte er zurück in seine Mutterstadt und sammelte vielseitige Erfahrungen in Berliner Top-Restaurants, die seinen heutigen Stil prägten.

Topfgucker-TV wurde auf den Shootingstar der Kochszene durch verschiedene Auszeichnungen und TV-Auftritte aufmerksam, wie Empfehlungen im **Gault&Millau** sowie im **falstaff** und z. B. durch seine Teilnahme in der **TV-Show mit Tim Mälzer „ready to beef"**, wo er im **Duell mit 2-Sternekoch Tohru Nakamura** brillierte.

AMBITIONIERT & FOKUSSIERT

Ausschlaggebend für unseren Besuch war die Auszeichnung vom **TISK** als „Szenerestaurant des Jahres 2018" in Berlin. TISK war als Pop-Up-Tour durch die Republik konzipiert. Doch was hat es eigentlich mit dem Namen TISK auf sich und wer hat Martin Müller kulinarisch inspiriert bei seinen Rezepten? Das verrät er uns in unserem Interview.

2020 haben sich die Wege zwischen Martin dem TISK getrennt. Ein Jahr Auszeit gaben dem sympathischen Sternekoch die Offenheit für neue Fügungen. Jetzt ist er **Kulinarischer Leiter** sowie **Gesellschafter des Oukan** (Fine) **Dining** und nach wie vor ein gern gesehener Gast bei TV-Formaten.

Wir wünschen Martin Müller weiter viel Erfolg auf seinem Weg und freuen uns, auch in Zukunft über Ihn berichten zu dürfen. Immerhin sind seine Fähigkeiten vielfältig und reichen von der Japanische Küche über die Thailändische Küche bis zur Avantgarde-Küche, Permakultur und Fermentation.

KONTAKTDATEN

Oukan – Japanese Vegan Dining
Ackerstraße 144 | Im Hinterhof · 10115 Berlin

Telefon: +49 30 54774716
E-Mail: contact@oukan.de
Web: www.oukan.de

Weitere **Info´s** zum **Gastgeber** und alle **Rezepte** finden Sie bei ***Topfgucker-TV.de*** oder unter dem QR-Code.

SENFEI MIT SENF-SAHNESAUCE UND KARTOFFELSTAMPF

Einscannen und Rezept ansehen

ZUTATEN für 1 Portion:

200 g	Kartoffeln mehlig	150 g	Butter
200 ml	Sahne	1	BIO-Ei
75 g	Senf		Blüten und Kräuter
75 g	Süßer Senf		

ZUBEREITUNG:

Kartoffeln kochen, ausdämpfen und pressen. Nebenbei Sahne, Butter und Senf aufkochen und abbinden (mit einer Roux), die passierte Sauce in eine Espuma-Flasche geben und mit einer Sahnekapsel unter Druck setzen. Die Kartoffeln mit der Sahnemischung vermengen und mit Muskat abschmecken. Für ein im Kern weiches Ei dauert die Kochzeit 5,10 Minuten, anschließend das gekochte Ei in Eiswasser abschrecken und pellen.

Alles zusammen in einer Schale anrichten und mit den Kräutern dekorieren.

schmecken lassen!

Freuen Sie sich nun auf zwei Rezepte aus der Berliner Küche – neu interpretiert – die viele von uns aus Kindheitstagen kennen!

KNUSPRIGER BROILER AN KARTOSCHKLA UND MISCHGEMÜSE

ZUTATEN für 1 Broiler:

1 Stk.	Maishuhn(1kg)	5 g	Tomatenmark	100 g	Möhren
100ml	Rapsöl	300 g	Pilze	50 ml	Hühnerfond
15g	geräuchertes Paprikapulver	100 ml	Sahne	50 ml	Jus
		10 g	Butter	250 g	Kartoffelpüree
15g	Meersalz	1 Bd	Liebstöckel		
1 Stk.	Knoblauch	100 g	Erbsen		

Einscannen und Rezept ansehen

ZUBEREITUNG:

Huhn: Das Hähnchen mit Salz und Paprika würzen. (24 Stunden Marinieren lassen) Marinade: Öl, Paprika, Knoblauch,Tomatenmark mixen und zum Hähnchen geben Garen: 160 Grad 8min, 190 Grad 8min und 230 Grad 8min zum knusprig machen

Mischgemüse und Kartoffelpüree:
Wie im Video beschrieben zubereiten!

Guten Appetit!

UNSERE PROMIS

„Mache das, was Du tust, mit Liebe."

Lea Linster, die Grande Dame der Kulinarik

Lea Linster, geboren 1955, stammt aus Luxemburg und ist eine Ikone, die den Olymp der Spitzengastronomie als Frau erreicht hat. Doch der Weg dahin war alles andere als leicht. Auf die Frage nach dem Rezept ihres Lebens, antwortete sie mit einem kurzen und für sie so typisch lebensfrohem Lachen: „Das Rezept fürs Leben ist ganz einfach. Mache das, was Du tust, mit Liebe."

Nun ist sie fast beim Dessert angekommen – so ihre eigener Einschätzung – in einem sehr abwechslungsreichen Menü.

Und darauf darf sie stolz sein.

Einscannen und Interview anschauen

MIT OPTIMISMUSS ZUM GOLDENEN BOCUSE

Auch ihr Optimismus ist eine wichtige Zutat in ihrem Lebensrezept. „Man muss sich Plan B so schön machen, dass es nicht so schlimm ist, wenn Plan A kaputt geht ...", so Lea Linster in unserem Interview.

Sie ist die erste und einzige Frau, die mit dem Goldenen Bocuse geehrt wurde und doch auf den zweiten Stern wartete. Einfach war es nicht für die alleinerziehende Mutter, in einer von Männern geführten Branche.

KONTAKTDATEN

Restaurant Léa Linster
17, Route de Luxembourg · 5752 Frisange, Luxemburg

Telefon: +352 23 66 84 11
E-Mail: info@lealinster.lu
Web: www.lealinster.lu

Weitere **Info's** zum **Gastgeber** und alle **Rezepte** finden Sie bei ***Topfgucker-TV.de*** oder unter dem QR-Code.

„Es geht nicht darum, sich den 2. Stern zu erarbeiten, es geht darum, als müsste man sich den 3. Stern ‚erkochen' …"

Nun hat Lea Linsters Sohn, **Louis Linster**, die Führung des Sterne Restaurants in Frisange übernommen. Leidenschaft und Hingabe ist auch sein Credo. „Es war eine Entscheidung und keine Lösung …" sagte die studierte Juristin Lea Linster auf die Frage, ob Louis von alleine diesen Schritt gegangen ist, das Restaurant zu übernehmen. Er führt mittlerweile in vierter Generation den Familienbetrieb. Seine Küche steht für eine multikulturelle Kochkunst-Philosophie mit französischen, englischen, deutschen und luxemburgischen Einflüssen.

Die wichtigste Zutat im Leben jedoch wird nicht fehlen: **die Liebe – avec l'amour**. Wie schön, wenn so ein wunderbares Lebensmotto ganz selbstverständlich von Generation zu Generation weitergelebt wird.

So wünschen wir von *Topfgucker-TV*, dass Louis Linster sein Versprechen, was er schon als Kind gab, wahr machen kann und den zweiten Stern für sich, das Restaurant Lea Linster, in Wertschätzung an seine Mutter, holen kann.

REZEPTEMPFEHLUNG: CARPACCIO VON DER JAKOBSMUSCHEL | ROTE BETE | KORALLENCREME | KAVIAR

ZUTATEN:

Jakobsmuscheln
rote Beete gekocht
rote Beete Püree
Kaviar
Salz

Himbeervinaigrette
Vanille
Liebstöckel

ZUBEREITUNG:

Gutes Gelingen!

Wie im Video beschrieben zubereiten!
Achten Sie darauf, dass die Jakobsmuschel ganz frisch sind!

Einscannen und Rezept ansehen

Was machte Sterne-Koch Tohru Nakamura im LockDown?

„UMAI STREETFOOD MARKET by Tohru" war seine Antwort! Mit einem gut durchdachten Take-Away-Konzept konnten Tohru während des LockDowns im Jahr 2020 japanisches Streetfood zum Mitnehmen anbieten. Der UMAI (japanisch: „lecker") Streetfood Market hat unter freiem Himmel im Innenhof des **SALON rouge** stattgefunden. *Topfgucker-TV* hat **Sternekoch Tohru Nakamura** besucht, um sich vor Ort selbst ein kulinarisches Bild zu machen. Er hat uns erzählt, wie er auf sein Konzept UMAI Streetfood Market gekommen ist. Eigentlich wollt er ja mit dem **Fine Dining Popup „SALON rouge"** durchstarten, was jedoch nur im Oktober 2020 geöffnet sein durfte.

Einscannen und Interview anschauen

VOM STREETFOOD ZUM FINE DINING RESTAURANT

„Der Start war wirklich sensationell. Die positiven Rückmeldungen unserer Gäste sind überwältigend und wir waren von Beginn an täglich voll ausgelastet.", blickt Tohru Nakamura zurück. Der gebürtige Münchner Sternekoch mit japanischen Wurzel (väterlicherseits) reagierte auf diese Situation mit einem einfachen und doch genialen Konzept: **UMAI Burger** als „Yakitori" (Maishendl vom Holzofengrill) mit Spitzkohl, Sojazwiebeln, Fenchel Pickles und Spicy Crunch und die vegetarische Variante „Hokkaido Burger" mit Kürbiskrokette, Ingwer-Mayo, Zwiebel Pickles sowie Kürbiskernen.

Mittlerweile gehört das Streetfood-Projekt der Vergangenheit an. Seit **August 2022** sind die Türen in der 500 Jahre alten **„SCHREIBEREI"** in München für Gäste geöffnet. Tohru Nakamura und sein Team bereichern die Münchner In-

KONTAKTDATEN

TOHRU
Burgstraße 5 · 80331 München

Telefon: +49 89 21529172
E-Mail: kontakt@schreiberei-muc.de
Web: www.schreiberei-muc.de

QR-Code einscannen und **Webseite** besuchen

Foto: © Hoang Dang

nenstadt durch kulinarische Raffinesse im Fine Dining Restaurant **TOHRU in der SCHREIBEREI**. Unter dem Motto schick essen gehen, ohne dafür extra Anzug und Abendkleid aus dem Schrank zu holen, können die Gäste entspannt genießen. Es werden **zwei Restaurant-Konzepte**, die von jeweils unterschiedlichen Service- und Küchen-Teams geführt werden, **unter einem Dach** und **einem Team-SPIRIT** vereint! Nur drei Monaten nach der Eröffnung wurde **TOHRU** bereits mit **zwei Sternen vom Guide Michelin** ausgezeichnet. Das zeigt die großartige Entwicklung. So blicken **Tohru Nakamura** und **Felix Radmer** zufrieden aus den Fenstern des Salon Rouge und laden Sie herzlich ein in die Burgstraße, im Herzen von München.

***Topfgucker-TV* wünscht Tohru Nakamura und seinem Team viel Erfolg!**

REZEPTEMPFEHLUNG: MISO FRIED CHICKEN

ZUTATEN für 4 Portionen:

1	Maishendl a circa 1,2 kg
500 ml	Buttermilch
100 ml	Sake
1 TL	Hichimi (japanische Chili-Gewürzmischung)
	Salz, Pfeffer
50 ml	Sojasauce
50 ml	Reisessig
20 g	brauner Zucker
50 g	helle Misopaste
100 ml	Geflügelfond
200 g	Weizen- oder Reisstärke
2 l	neutrales Öl (z. B. Sonnenblumenöl)
150 ml	geröstetes Sesamöl

Garnitur

1	Limette
50 g	Ingwer
1 TL	gerösteter weißer und schwarzer Sesam
	Kräuter zum garnieren (z. B. Kapuzinerkresse, roter Sauerampfer)

ZUBEREITUNG:

Das **Maishendl** zerlegen in Unter-, Oberschenkel, Flügel, Brust in 3–4 Stükke – alles mit Haut); Buttermilch mit 50 ml Sesamöl, Sake, Hichimi, Salz, Pfeffer anrühren. Darin Maishendl-Stücke über Nacht im Kühlschrank einlegen.

Marinade: Brauner Zucker, Sojasauce, Reisessig, helle Misopaste und Geflügelfond zusammen auf circa 1/3 der Ursprungsmenge reduzieren (einkochen).

Hühnerstücke aus der Buttermilchmischung nehmen, leicht abtropfen, in Stärke wenden. Neutrales Öl und 100 ml Sesamöl in einem Topf auf circa 170 Grad erhitzen (alternativ in einer Fritteuse zubereiten). Darin die panierten Hühnerstücke goldbraun frittieren. Danach auf Küchenpapier ausfetten lassen und in eine Schüssel geben. Nach und nach Miso-Marinade hinzugeben und darin wenden. Ingwer in feine Stifte schneiden.
Mit Kräutern, Limettenspalten, Ingwerstiften sowie geröstetem weißen und schwarzen Sesam garnieren und gleich heiß servieren.

Gutes Gelingen!

Zu Besuch in Schuhbecks Kochschule

Was hat es mit dem bekannten **Sternekoch Alfons Schuhbeck** denn eigentlich auf sich? Geboren wurde Alfons Schuhbeck als Alfons Karg im Mai 1949. Im Chiemgau aufgewachsen, hatte der gelernter Fernmeldetechniker das erste Mal Kontakt mit dem Kochen in der Feldküche, während seines Wehrdienstes. Der Gastwirt **Sebastian Schuhbeck** war es letztendlich der Alfons überzeugte eine Ausbildung zum Koch zu machen, als dieser mit seiner Rockband in seinem Gasthaus auftrat. Und manchmal lesen sich Geschichten wie Märchen. Alfons wurde adoptiert und erbte das Lokal vom Gastwirt Schuhbeck.

Einscannen und Interview anschauen

VOM AZUBI DER HOTELFACHSCHULE ZUM PROMIKOCH

Nach seiner Ausbildung an der Hotelfachschule ging er in die Welt auf Reisen und kochte später für 300 Helfer beim Bayerischen Roten Kreuz. Dass er kochen kann sprach sich schnell herum. In seinem **Kufhausstübel**, welches er 1980 übernahm, erwarb er sich den Ruf eines „Prominetenkochs". Hier ging die High Society von Politik, Fernsehen und Sport ein und aus. Es folgten weitere Restaurants, Unternehmungen – und auch Sterne.

Anlässlich der Bayerischen Landesausstellung **2016** kocht Alfons Schuhbeck in seiner Kochschule u. a. mit Freiherr von Aretin, dem Direktor der Brauerei Aldersbach. Wir folgten einer Einladung und verabredeten uns vorab zu einem kleinen Interview, wo es natürlich um Bier und Traditionen ging. Eins dürfen wir schon verraten: Alfons Schuhbeck trinkt lieber Bier, als das er es „verkocht". Das und auch die Antwort auf die Frage, was **Böfflamot** ist, erfahren Sie in unserem kleinem Interview.

KONTAKTDATEN

Alfons Schuhbeck
Platzl 2 · 80331 München

Telefon: +49 89 2166900
Web: www.schuhbeck.de

Weitere **Info's** zum **Gastgeber** und alle **Rezepte** finden Sie bei ***Topfgucker-TV.de*** oder unter dem QR-Code.

BÖFFLAMOTT MIT BREZENKNÖDEL UND GARTENGEMÜSE

ZUTATEN für 4 bis 6 Portionen:

2	Zwiebeln
100 g	Knollensellerie
1 kleine	Karotte
1 – 2 TL	Öl
1,5 kg	flache Rinderschulter
2 EL	Puderzucker
1 EL	Tomatenmark
5 EL	Weinbrand
350 ml	kräftiger Rotwein
1 l	Hühnerbrühe
1/2 TL	Pimentkörner
1/2 TL	schwarze Pfefferkörner
1 Stk.	Zimtrinde
5	Wacholderbeeren leicht angedrückt
1	Lorbeerblatt
1	Knoblauchzehe
2	Scheiben Ingwer
je 1	Streifen Zitronen- und Orangenscheiben (unbehandelt)
50 ml	Rotweinessig
40 g	kalte Butter
	mildes Chilisalz

Einscannen und Rezept ansehen

ZUBEREITUNG:

Wie im Video beschrieben zubereiten!

Gutes Gelingen!

Ein Lieblingsgericht vieler Bayern stellen wir hier gerne vor:

KALBFLEISCHPFLANZERL MIT LAUWARMEM KARTOFFELSALAT

ZUTATEN für 4 Portionen:

250 g	Kalbshackfleisch
250 g	Schweinehackfleisch
70 g	Toastbrotwürfel
100 ml	Milch
2	Eier
1/2	Zwiebel (in Würfel schneiden)
1 Msp	frisch geriebener Ingwer
3 Prisen	Majoran
etwas	frisch geriebene Muskatnuss
1/2	abgeriebene Zitronenschale (unbehandelt)
2 TL	scharfen Senf
3 Prisen	mildes Chilisalz
	schwarzer Pfeffer aus der Mühle
1 Prise	Zucker
frische	Petersilie
	Öl zum Braten

ZUBEREITUNG:

Toastbrotwürfel in Milch einweichen. Alle Zutaten vermengen und abschmecken. Handteller große Fleischpflanzerl formen und in einer heißen Pfanne mit Öl von beiden Seiten langsam braten, bis sie die gewünschte Farbe haben.

TIPP Wer mag, kann die Fleischbällchen vor dem Braten auch in etwas Semmelmehl wälzen, da werden sie noch knuspriger.

An Guadn!

Einscannen und Rezept ansehen

„Besser einmal sehen, als hunderte Male hören", so lautet die Devise für einen Besuch im **Dresdner Kaffeestübchen** in der Salzgasse, nahe der Dresdner Frauenkirche. Ja, es ist ein Insider-Tipp, der mittlerweile zu weltweiter Bekanntheit geführt hat.

Einscannen und Beitrag ansehen

Ralf Müller ist gebürtiger Dresdner, hat auf Teneriffa gearbeitet und seine kulinarische Erfahrung als Restaurantbesitzer in Franken ausgebaut. Die Zeit der Wanderschaft ging vorbei und die Rufe seiner Heimat wurden lauter. So erfüllte sich Ralf Müller 2013 einen Herzenswunsch und eröffnete das Dresdner Kaffeestübchen, etwas versteckt gelegen zwischen der Frauenkirche zu Dresden und dem Kurländer Palais im Historischen Bürgerhaus Dresden. Und doch hat es sich zu einem absoluten Geheimtipp entwickelt.

Bekannt sind die hausgebackenen Kuchen und natürlich die **Dresdner Eierschecke**, die laut Gästen zu einer der leckersten Eierschecken der Stadt zählt. Aber das ist noch nicht alles. Ausgefallene **Spirituosen und Liköre**, die Ralf Müller mit ausgesuchten Partnern herstellt, sind ein wahrer Genuss und Verkaufsschlager.

2015 ist *Topfgucker-TV* auf Ralf Müller aufmerksam geworden. Wir fragten nach einer kulinarischen Empfehlung und er zögerte nicht lange. Sein „Edles Tiramisu mit dem Dresdner Kaffeelikör" animierte die Topfgucker und seine Gäste zum Nachmachen. Die Video-Rezeptkarte war eine willkommene Zugabe zum Kaffeelikör. Das funktioniert (!) und so gibt es mittlerweile die kulinarische Gebrauchsanweisung zum **Moritzburger Karpfenlikör** mit einem **Panierten Karpfen fränkischer Art** und zum **Elbegeist** (der im übrigen 5 Monate im Bug des Raddampfers „Pirna" reift) mit **Gambas con Ajo**. Doch die Krönung der Innovation ist der **Eierscheckenlikör** – ein Kuchen in der Flasche! Wie Ralf Müller auf diese Idee kam, sehen Sie in dem schönen **Beitrag „Zu Besuch im Dresdner Kaffeestübchen"**.

KONTAKTDATEN

Dresdner Kaffeestübchen · Inhaber: Ralf Müller
Salzgasse 8 · 01067 Dresden
Tel. +49 151 54 84 66 25
web: www.dresdner-kaffeestuebchen.de

Weitere **Info´s** zum **Gastgeber** und alle **Rezepte** finden Sie bei ***Topfgucker-TV.de*** oder unter dem QR-Code.

SPEZIALKREATION: „DOLCE VITA ELBFLORENZ"

Nun könnte man denken, der Zenit an Genussmomenten sei erreicht. Weit gefehlt! **Dolce Vita Elbflorenz** – in diesem Likör werden heimische Beeren verarbeitet, die nach ihrer Verschmelzung in einem Beerenlikör ihre einzigartige Vollendung finden. Es ist die ganze Liebe zur Heimat, die Ralf Müller in diesem Likör vereint.

Wenn Sie in Dresden sind, so nehmen Sie sich die Zeit für einen Besuch im Dresdner Kaffeestübchen. Natürlich können Sie alle Produkte auch ***online*** bestellen. Wir wünschen Ihnen viel Freude bei Ihrer Entdeckungsreise eines ganz besonderen Sortiments.

WWW.DRESDNER-KAFFEESTUEBCHEN.DE • Alle Produkte auch online erhältlich.

Einscannen und shoppen

REZEPTEMPFEHLUNG: VEREDELTES TIRAMISU

ZUTATEN für 8 Portionen:

6	Eigelb
150 g	Zucker
160 ml	Milch
300 ml	Sahne
1	Vanilleschotte
500 g	Mascarpone
4 Tas	Espresso, auf Zimmertemperatur abgekühlt
6 EL	Dresdner Kaffeelikör (aus dem „Kaffeestübchen")
2 Pkg	Löffelbiskuits (je nach Größe der Form)
2 EL	ungesüßtes Kakaopulver

Einscannen und Rezept ansehen

ZUBEREITUNG:

In kleinem Topf Eigelb und Zucker verrühren. Milch unterrühren und bei mittlerer Hitze unter ständigem Rühren erhitzen, bis die Mischung anfängt zu kochen. Eine halbe Minute aufkochen lassen. *(Achtung! Es blubbert und spritzt.)* Dabei immer weiter rühren. Vom Herd nehmen und leicht abkühlen lassen, danach abdecken und im Kühlschrank eine Stunde abkühlen lassen.

Nun Sahne mit Vanillemark zu Schlagsahne schlagen. Mascarpone unter die abgekühlte Eiermischung rühren. **Dresdner Kaffeelikör** und Espresso in eine flache Schüssel geben. Löffelbiskuits in die Mischung kurz eintauchen. Immer auf der zuckerlosen Seite, zieht dadurch gleichmäßig ein! Die erste Packung des Löffelbiskuits auf den Boden einer Dessertschale auslegen. Die Hälfte der Mascarponemischung darüber verstreichen, dann eine Lage Sahne darüber verstreichen. Vorgang wiederholen. Zuletzt Tiramisu mit Kakao bestäuben. Abdecken und 4 bis 6 Stunden im Kühlschrank kalt stellen.

Guten Appetit!

Zu Besuch in der Ersten Salzwedeler Baumkuchenfabrik.

Schon seit über 500 Jahren wird in Deutschland zu großen Festlichkeiten oder besonderen Anlässen **„Baumkuchen"** gereicht, welcher auf einer Holzwalze und über offenem Feuer gebakken wird. Im Jahr 1807 hat der Gründer der Ersten Salzwedeler Baumkuchenfabrik, Andreas Schernikow, ein besonderes Rezept des königlichen Baumkuchens geschaffen.

Einscannen auf YouTube ansehen

Bis heute wird in der Hansestadt Salzwedel der Baumkuchen in Handarbeit über offenem Feuer und streng nach der Rezeptur aus dem Jahr 1807 gebacken.

Von 1865 bis 1918 wurde der deutsche Kaiser regelmäßig mit Baumkuchen aus Salzwedel beliefert. Die Hohenzollern ordern ihn wieder seit 2004. Aber auch viele europäische Königshäuser wissen den Baumkuchen aus Salzwedel zu schätzen und bestellen diesen regelmäßig.

Nur anstelle des Boten, welcher einst die Köstlichkeit auf seinem Rücken, in einer hölzernen Schachtel nach Berlin oder Wien transportierte, erfolgt die Zustellung heute per Express in die ganze Welt – Baumkuchen wird EU-weit versand.

Baumkuchen aus der **Ersten Salzwedeler Baumkuchenfabrik** ist einzigartig und von wahrer Qualität ohne Zeit und Grenzen.

WWW.BAUMKUCHEN-ONLINE.DE
BAUMKUCHEN auch online erhältlich.

BAUMKUCHEN EINFACH BESTELLEN

Einscannen und shoppen

Wer sich überzeugen will von diesem besonderen Genuss, kann sich ein Baumkuchen sowie das extra dazugehörige Messer _online_ bestellen.

KONTAKTDATEN

Erste Salzwedeler Baumkuchenfabrik
St.-Georg-Straße 87 · 29410 Salzwedel/Deutschland
Telefon: +49 3901 323 06 · Fax: +49 3901 25 462
E-Mail: info@baumkuchen-salzwedel.de
Web: www.baumkuchen-salzwedel.de
Online-Shop: www.baumkuchen-online.de

Weitere **Info´s** zum **Gastgeber** und alle **Rezepte** finden Sie bei ***Topfgucker-TV.de*** oder unter dem QR-Code.

„Deutschlands beste Kaffeeröster kommen aus Dresden."

So lautete die Schlagzeile im Jahr **2018**! Das Team von **KAFFANERO**, der Kaffeerösterei in Dresden, gewann bei Europas größter Fachmesse COTECA die „Roasting Fight Night" in Hamburg. Aufmerksam wurde *Topfgucker-TV* auf das neugegründete Unternehmen bereits im Jahr **2015**. Die Philosophie hat uns überzeugt: Nachhaltigkeit, Wertschätzung, eine hohe Qualität und Transparenz für die Besucher. Über das Konzept ihres Erfolges habe ich mit den Geschäftsführer **Ines Kreher** und **Jens Kinze** gesprochen.

Einscannen und Interview anschauen

Ein Projekt liegt uns besonders am Herzen:

LAMPOCOY GRAND CRU AUS GUATEMALA – EIN KAFFEE DER GLEICH ZWEIMAL HILFT!

Einscannen und Beitrag ansehen

Geschmacklich wird die Bohne charakterisiert wie ein großer Wein: einer Note von Schokolade, Nuss, karamell, einem großen Körper & einer sehr feinen Säure. *Topfgucker-TV* unterstützt den Vertrieb einer fair, ökologisch und **direkt gehandelten Kaffeesorte** aus Guatemala, **Lampocoy Grand Cru**. **KAFFANERO** zahlt beim Einkauf des Kaffees 40 % über dem Weltmarktpreis. Das Geld kommt so direkt den Bauern des kleinen Bergdorfes Lampocoy im Nuevo Oriente/Guatemala zu gute.

2018 sind das Team und die Geschäftsführung Ines Kreher und Jens Kinzer nach Guatemala geflogen, um sich vor Ort ein Bild von den Arbeitsbedingungen und den Leben der Bauern zu machen. „Das ist eine sehr schwere Arbeit. Wir haben selber Kaffeebohnen

KONTAKTDATEN

KAFFANERO – Die Kaffeerösterei Dresden
Jagdweg 1–3 (Eingang Rosenstraße 92) · 01159 Dresden
Telefon: +49 351 48618818
E-Mail: info@kaffanero.de
Web: www.kaffanero.de
Online-Shop: www.kaffanero.de/shop/

Weitere **Info's** zum **Gastgeber** und alle **Rezepte** finden Sie bei ***Topfgucker-TV.de*** oder unter dem QR-Code.

gepflückt und in 20 Minuten gerade mal 800 g geschafft. Der Bauer muss 7–8 kg pflücken, um 1 kg Kaffee zu bekommen ..." so Jens Kinzer.

Lampocoy Grand Cru – ein Gourmet-Kaffee der Spitzenklasse und genau das richtige für Genießer. Der Kaffee wird biologisch-organisch angebaut und direkt gehandelt. Wenn auch Sie dieses Projekt unterstützen wollen, können Sie den **Kaffee** bei Kaffanero **im Online-Shop** oder **in der Rösterei** kaufen.

Einscannen und shoppen

SCHONENDE RÖSTUNG – MILDER GESCHMACK

In der familiär angehauchten Rösterei wird **nach traditionellem Schonröstverfahren** gearbeitet. Das wirkt sich nicht nur positiv auf den Geschmack aus, sondern bringt auch gesundheitliche Vorteile mit sich. Durch die **schonende Röstung** der Kaffeebohnen bei einer Dauer von etwa 20 Minuten, können sich die individuellen Aromen der Bohnen optimal entfalten. Gleichzeitig werden Bitterstoffe in Form der Chlorogensäure abgebaut. Dadurch erhält der Kaffee einen **angenehm milden Geschmack**, ist zudem noch magenschonend und man übersäuert nicht.

Entdecken Sie die Welt des Kaffees im Online-Shop!

Einscannen und Rezept ansehen

GETRÄNKETIPP: KALTER KAFFEE MIT TONIC

ZUTATEN für einen Liter:

100 g	Kaffeepulver
1 l	stilles Mineralwasser, kalt
220 ml	Tonic Water
3–5	Eiswürfel
	Zitrone nach Belieben

ZUBEREITUNG:

Kaffee grob und frisch mahlen. In ein Gefäß geben. Jetzt das kalte Wasser dazugeben. Gegebenenfalls umrühren, um den Satz zu verteilen und abdecken. Im Kühlschrank 12 Stunden ziehen lassen. Den Kaffeesatz ausfiltern. Die Lösung mit Wasser aufgießen, bis wieder ein Liter erreicht ist. Drei bis fünf Eiswürfel in ein Glas geben und 80 ml *Cold Brew Coffee* aufgiesen. 220 ml Tonic Water aufgiesen mit Zitronenstückchen servieren.

TIPP Wenn erst Eiswürfel und Tonic und später den *Cold Brew Coffee* eingefüllt wird, und man dabei langsam vorgeht, kommt es zu einzelnen Schichten im Glas. Das sieht einfach super aus.

Es sind Geschichten die das Leben schreibt …

Die Ereignisse im Leben kann man nicht vorsehen, auch gewisse Fügungen nicht. Und so sind wir über die Dreharbeiten mit **Daniel Fischer** auf einem Winzer aufmerksam geworden. Das **Weingut Steffen Loose**. Auch wenn es keine „Töpfe" sind, in die wir sehen, so passt dieses Weingut hervorragend in das Format von *Topfgucker-TV*. In mehreren Rezeptbeiträgen spielten die Weine vom Winzer Steffen Loose als Begleiter schon eine Rolle. Also wollten wir mehr erfahren und lernten eine ganz besondere Familie kennen.

Einscannen und Interview anschauen

Seinem Vater verdankt Steffen Loose, dass er sich heute „… mit dem wohl **schönsten Naturprodukt der Welt** befassen darf". Nach der Wende hat er die familieneigenen Flächen von der LPG zurück erworben und war zum Weinerzeuger geworden. Und somit passierte etwas, was wohl niemand gedacht hätte: Nach sieben Jahren im Außendienst entschied sich Steffen Loose noch einmal mit etwas ganz Neuem anzufangen. Er folgte seiner wahren Berufung und machte eine Winzerausbildung in Franken. **Seit 2001** leitet Steffen Loose erfolgreich seinen Familienbetrieb, bei dem jeder seine Aufgabe hat. Im Jahr 2016 musste die Familie jedoch einen sehr schweren Verlust durch den plötzlichen Tod der Ehefrau und Mutter verkraften. „Wieder Normalität in die Abläufe zu bekommen und im Geiste unserer Lieben das Werk fortzusetzen, war eine sehr große Herausforderung.", so Steffen Loose. Doch Sie haben es gemeinsam geschafft: mit einem Blick nach vorn.

DER WEINBERG IST DIE BASIS FÜR HOHE QUALITÄT

Mit ca. 5 ha Rebfläche in Meißen und Gröbern sowie in Pillnitz, ist die Größe eher homöopathisch. **Die Weine sind** aber nicht nur wegen der begrenzten Anbaufläche **eine wahre Rarität**, auch die teilweise fast 40 Jahre alten Rebstöcken sorgen für einen unverwechselbaren Charakter der Trauben. Das milde Kleinklima im Elbtal trägt ebenso dazu bei, dass hier beste Weinbau-Bedingungen herrschen. Kühle Nächte und heiße Tage im Sommer geben dem Weißwein die besondere Zutat, die ihn bei Weinkennern so begehrenswert macht – Finesse.

Einscannen und shoppen

Sonne, Wind und Regen, die Lage des Weinberges und sein Boden, sind die Zutaten eines jeden Jahrganges. Eine Bewirtschaftung im Einklang mit der Natur und höchstmöglicher Sorgfalt zeigt sich im sehr guten Ergebnis der Weine. Als Genussmensch hat Steffen Loose auch das richtige Geschick für das kreieren von Cuvées. Und so ist im **Jahr 2019 die Kreation „Weißer Stoff"** entstanden. Stimmig, rund und ein wahrer Trinkgenuss aus einer Komposition von Müller-Thurgau, Chardonnay und Riesling. Doch wie kommt man zu so einem Namen, der durchaus mehrdeutig interpretiert werden kann? Diese interessante Geschichte erzählt Ihnen Steffen Loose in unserem kleinen Kurzporträt.

Und natürlich gehört zu einem guten Wein auch **das passende Gericht**. Dafür sorgt **Daniel Fischer** mit dem sehr leckeren und leicht nachzukochenden Rezept: **„Knautschi und Hokkaido | Patchwork im Endstadium mit Daniel"**

Einscannen und Rezept ansehen

REZEPTEMPFEHLUNG: KNAUTSCHI UND HOKKAIDO

ZUTATEN für ca. 10 Portionen:

Kartoffelklöße

1,5 kg	gekochte Kartoffeln (mehlig)
300 g	Mehl
8	Eigelb
	Salz

Kürbisvariation

1	Hokkaido Kürbis
	Öl und Butter zum Braten
	Salz
	Kürbiskerne
	Kürbiskernöl

ZUBEREITUNG:

Wie im Video gezeigt **umsetzen** und dabei Schluckweise vom Weißen Stoff genießen.

Auf Ihr Wohl und bestes Gelingen.

KONTAKTDATEN

Weingut Loose
Im Winkel 5 · 01689 Niederau
Telefon: +49 3521 73 80 54
E-Mail: info@loose-wein.de
Web: www.loose-wein.de
Shop: www.loose-wein.de/onlineshop/

Weitere **Info´s** zum **Gastgeber** und alle **Rezepte** finden Sie bei ***Topfgucker-TV.de*** oder unter dem QR-Code.

RUSSISCHER BORSCHTSCH (BORTSCH)

Zubereitet von Köchin Ludmilla Sturm
Aufrufe: 124.146 (Stand: September 2022)

ZUTATEN für 4 Portionen:

1 l	Brühe (Gemüsebrühe für Vegetarier)	1	Zehe Knoblauch
			Salz
			Pfeffer
200 g	Kartoffeln		
200 g	Weißkraut		**Garnitur**
100 g	Paprika		Banane
100 g	Rote Bete	1 EL	Russische Saure Sahne / Schmand
100 g	Zwiebel		
100 g	Möhren	1 EL	frisch gehackte Kräuter
50 g	Tomatenmarkt		

Einscannen und Rezept ansehen

Viel Freude beim Nachkochen!

ZUBEREITUNG:

Die in Würfel geschnittenen Kartoffeln in der Brühe weich kochen. Die Möhren ebenso würfeln und in heißem Öl anbraten, anschließend die geschnittenen Zwiebelringe dazugeben und braten, bis sie goldgelb sind. Nun die Rote Bete (Streifen) mit unterrühren. Danach ca. 2–3 Minuten garen lassen. Prüfen ob die Kartoffeln weichgekocht sind. Wenn ja, dass geschnittene Weißkraut dazugeben und kurz Aufkochen lassen.

Wichtig ist, dass die Zutaten nicht zerkochen und alles noch schön bissfest ist.
Nun wird das Gemüse in der Pfanne mit einer klein geschnittenen Knoblauchzehe in den Suppentopf gegeben. Abschließend alles mit Salz und Pfeffer abschmecken, kurz aufkochen lassen und mit russischer Sahne oder Schmand sowie frischen Kräuter in einem Teller servieren.

Arbeitszeit: **30 Minuten** (ohne Zubereitung der Brühe)
Schwierigkeitsgrad: **mittel**
Brennwert 100 g: **85 kcal / 365 kJ**

Entdecken Sie noch mehr **Rezepte unter dieser Rubrik** von empfehlenswerten Gastgebern bei *Topfgucker-TV*

Einscannen und Rezepte ansehen

CAPONATA – SIZILIANISCHES GEMÜSE MIT AUBERGINE, PAPRIKA UND ZUCCHINI

Zubereitet von Vito Guiffrida
Aufrufe: 23.671 (Stand: September 2022)

ZUTATEN für 2 Portionen:

1	Aubergine	Pflanzenöl
1	Paprika (orange)	zum Braten
2	kleine Zucchini	Olivenöl
1	Zwiebel	Pfeffer aus der Mühle
1 Dose	Passierte Tomaten	Salz
etwas	Essig	frischer Basilikum

Einscannen und Rezept ansehen

Alle Rezepte mit Vito Guifrida im Gastgeberprofil bei *Topfgucker-TV* ansehen

ZUBEREITUNG:

Die Auberginen in Würfel schneiden und langsam in einer Pfanne mit reichlich Pflanzenöl gold gelb braten, salzen. Anschließend auf ein Teller mit Papiertuch geben und das Öl abtropfen lassen. In derselben Pfanne nun den in Streifen geschnittenen Paprika braten und salzen. Abschließend auch auf einen Teller geben. Zuletzt die in Würfel geschnittenen Zucchini braten, ebenso salzen.

In der Zwischenzeit die Zwiebel in feine Streifen schneiden und bei mittlerer Hitze in Olivenöl braten. Nach ca. 5 Minuten die Tomaten dazu geben.

Alles mit Salz und Pfeffer würzen. Nun Essig und Wasser dazugeben, alles einreduzieren lassen. Wenn die Masse schön sämig ist, das Gemüse dazu geben und frischen Basilikum reinzupfen.

„Dieses traditionelle Rezept aus Sizilien sollte nach dem Zubereiten ruhig 1 bis 2 Stunden ziehen. Dann schmeckt es am besten …", so **Vito Guiffrida**, der **Chefkoch und Inhaber** vom DELZIA – Ristorante & Weinbar.

Arbeitszeit: **ca. 20 Minuten**
Schwierigkeitsgrad: **niedrig**
Brennwert 100 g: **60 kcal / 251.21 kJ**

Entdecken Sie noch mehr **Rezepte unter dieser Rubrik** von empfehlenswerten Gastgebern bei *Topfgucker-TV*

Einscannen und Rezepte ansehen

SÄCHSISCHER SAUERBRATEN – TRADITIONELL ZUBEREITET

Zubereitet von Matthias Menz
Aufrufe: 94.663 (Stand: September 2022)

Einscannen und Rezept ansehen

ZUTATEN für 4 Portionen:

Sud

3	Zwiebeln
3	Möhren
1	Porree
2	Lorbeerblätter
5	Wacholderbeeren
3	Gewürznelken
5	Pfefferkörner
5	Pimentkörner
	Salz

Braten

1 kg	Rindfleisch
50 g	Tomatenmark
250 ml	Essig
500 ml	Wasser
200 ml	Fleischbrühe
2 Pck.	Saucenkuchen
1 / 2 Fl.	Rotwein
	Salz

Guten Appetit!

Alle Rezepte mit Matthias Menz im Gastgeberprofil bei *Topfgucker-TV* ansehen

ZUBEREITUNG:

Vorbereitung des Sudes: Zwiebeln und Möhren schälen, Porree schneiden und mit Lorbeerblättern, Wacholder, Nelken, Pfeffer- und Pimentkörnern, Salz, Essig und Wasser aufkochen. Sud abkühlen lassen und Rindfleisch darin 2 – 3 Tage einlegen.

Zubereitung des Bratens: Fleisch aus dem Sud nehmen, trocken tupfen und scharf anbraten. Fleisch aus dem Topf nehmen und Wurzelgemüse anbraten. Das Tomatenmark zugeben, anbraten lassen und mehrfach mit Rotwein ablöschen. Nach und nach den Sud, Wasser und Fleischbrühe zugeben. Fleisch wieder in den Topf geben. Ca. 3 Stunden langsam schmoren lassen und hin und wieder umrühren. Dann geschnittenen Soßenkuchen zugeben. Je 500g Fleisch braucht man 1 Soßenkuchen á ca. 70g. Fleisch herausnehmen, Soße mit Zucker, Salz, Pfeffer und Essig abschmecken. Dann Soße durch ein Sieb passieren. Sauerbraten in Scheiben schneiden (gegen die Fasern) und mit Apfelrotkohl, Thüringer Klößen und Schmand anrichten.

Arbeitszeit: ca. 70 Minuten
Schwierigkeitsgrad: mittel
Brennwert 100 g: 193,90 kcal / 811.82 kJ

Entdecken Sie noch mehr **Rezepte unter dieser Rubrik** von empfehlenswerten Gastgebern bei *Topfgucker-TV*

Einscannen und Rezepte ansehen

ORIGINAL DRESDNER EIERSCHECKE

Einscannen und Rezept ansehen

Zubereitet von der Hobbyköchin: Jolanta Lehmann
Aufrufe: 150.158 (Stand: September 2022)

ZUTATEN für 1 Kuchen:

Scheckenboden

- 150 g Mehl
- 50 g Butter
- 75 g Zucker
- 1 Ei
- 1/2 Pkg. Backpulver
- 1 Prise Salz

Quarkmasse

- 750 g Quark
- 1/2 gekochter Pudding, erkaltet
- 150 g Zucker
- 1 Eigelb
- 2 EL Kartoffelmehl
- 1 Prise Salz
- Saft einer halben Zitrone

Gusse

- 125 g Butter
- 1/2 gekochter Pudding, erkaltet
- 100 g Puderzucker
- 3 Eigelb
- 2 EL Kartoffelmehl
- 1 EL Vanillezucker
- 4 Eiweis
- 1 Prise Salz

ZUBEREITUNG:

1. Schicht – Scheckenboden: Alle Zutaten mit Knetwedel eines elektrischen Rührmixgerätes verrühren, bis diese eine körnige Beschaffenheit erhalten. Danach alles kurz durchkneten und auf den zuvor eingefetteten Boden der Springform geben, sowie von der Mitte aus, andrückend verteilen inklusive der Ausformung eines kleinen Randes.

2. Schicht – Quarkmasse: Alle Zutaten mit einem elektrischen Rührmixgerät ca. 2 Minuten mit Mixstäben verrühren, bis die Quarkmasse cremig ist Danach bei Bedarf Rosinen unterheben und die Quarkmasse über den Kuchenboden in der Springform flächig verteilen.

3. Schicht – Gusse: Alle Zutaten mit einem elektrischen Rührmixgerät ca. 2 Minuten mit Mixmixen, bis die Masse cremförmig ist Eiweiß mit einem elektrischen Rührmixgerät ca. 3 Minuten mit Mixstäben schlagen, bis es fest wird und schnittfähig ist Dabei Prise Salz zugeben. Das steif geschlagene Eiweiß unter die Masse heben und als letzte Schicht in die Springform füllen.

Alle Zutaten mit Knetwedel eines elektrischen Rührmixgerätes verrühren, bis diese eine körnige Beschaffenheit erhalten. Danach alles kurz durchkneten und auf den zuvor eingefetteten Boden der Springform geben, sowie von der Mitte aus, andrückend verteilen inklusive der Ausformung eines kleinen Randes.

Backzeit: **ca. 60 Min.** (170° C Ober- und Unterhitze)
Arbeitszeit: **ca. 60 Minuten**
Schwierigkeitsgrad: **mittell**
Brennwert 100 g: **368 kcal / 1616.10 kJ**

Entdecken Sie noch mehr **Rezepte unter dieser Rubrik** von empfehlenswerten Gastgebern bei *Topfgucker-TV*

Einscannen und Rezepte ansehen

KNUSPRIGES ZANDERFILET, AUF DER HAUT GEBRATEN

Zubereitet von Kevin Noak
Aufrufe: 199.718 (Stand: September 2022)

Einscannen und Rezept ansehen

ZUTATEN für 2 Portionen:

2 Stk.	Zanderfilet
etwas	Mehl
	Salz
	Pfeffer aus der Mühle
	Bratfett

ZUBEREITUNG:

Die Filetstücke mit Salz und Pfeffer würzen und auf der Hautseite melieren. Die Pfanne erhitzen und die Filets auf der melierten Seite anbraten. Darauf achten, dass die Haut, trotz Wölbung, auf den Boden anliegt und ggf. dran drücken.

Nun alles bei mittlerer Hitze langsam braten lassen. Kurz zum Schluss, noch mal etwas Butter in die Pfanne geben, die Filets wenden und ja nach Bedarf würzen.

Als Beilage empfehlen wir: **SPREEWÄLDER RAHMSAUERKRAUT**

ZUTATEN für 2 Portionen:

250 g	Sauerkraut
50 g	Schinkenspeck
1	Zwiebel
2 EL	Creme Fraiche
1 EL	Senf mittelscharf
1 EL	Meerettich
1 TL	Zucker
40 g	Butter
	frische Petersilie (kleingeschnitten)
2 EL	Beifuß
	Meersalz / Pfeffer

ZUBEREITUNG: Wie im Video beschrieben zubereiten!

Einscannen und Rezept ansehen

Arbeitszeit:	**30 Minuten** (ohne Zubereitung der Brühe)
Schwierigkeitsgrad:	**mittel**
Brennwert 100 g:	**85 kcal / 365 kJ**

Viel spaß beim Zubereiten!

Entdecken Sie noch mehr **Rezepte unter dieser Rubrik** von empfehlenswerten Gastgebern bei *Topfgucker-TV*

Einscannen und Rezepte ansehen

ZUBEREITUNG EINER MARTINS- ODER WEIHNACHTSGANS

Kochkurs mit Sternekoch Dirk Schroer
Aufrufe: 60.049 (Stand: September 2022)

ZUTATEN für 4 Portionen:

1	Gans (ca. 3kg)	4	Fenchelstangen
	Salz	2	mittelgroße Äpfel
	Pfeffer		Sellerie
Füllung		2 EL	Beifuß
2	Zwiebeln		Meersalz / Pfeffer
2	mittelgroße Orangen		

ZUBEREITUNG: Wie im Kochkurs beschrieben.

Viel Freude beim Nachkochen!

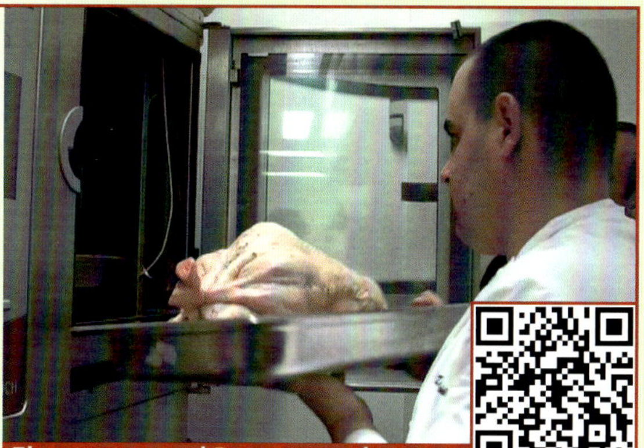
Einscannen und Rezept ansehen

Wir sind zu Besuch bei einem Kochkurs mit im Bülow Palais Hotel in Dresden im Jahr 2012. **Sternekoch Dirk Schroer** zeigt seinen Teilnehmern worauf es bei der Zubereitung der Weihnachts- oder Martinsgans ankommt und gibt wertvolle Tipps, z. B. wozu eine Flasche gut ist und worauf es beim Binden ankommt.

Backzeit:	**ca. 3 h bei 180° C / 160° C**
Arbeitszeit:	**180 Minuten**
Schwierigkeitsgrad:	**mittel**
Brennwert 100 g:	**o. A.**

Es muss nicht immer Rotkohl sein! Unser Tipp als Beilage:
SPITZKOHLCANNELLONI
zubereitet vom **Chefkoch Peer Zetsche**

ZUTATEN für 2 Portionen:

1	Spitzkohl	etwas	Salz
100 ml	Gemüsebrühe	etwas	Zucker
etwas	Butter	etwas	geschroteter Pfeffer

ZUBEREITUNG: Wie im Video beschrieben zubereiten!

Einscannen und Rezept ansehen

Entdecken Sie noch mehr **Rezepte unter dieser Rubrik** von empfehlenswerten Gastgebern bei *Topfgucker-TV*

Einscannen und Rezepte ansehen

HAUSMACHER SÜLZE

Zubereitet von Nico Zeidler
Aufrufe: 109.427 (Stand: September 2022)

ZUTATEN für 4 Portionen:

Eisbein
Schweineköpfe
Spitzbeine
Schweineohren

Brühe
Pökelsalz
Pfeffer
Majoran, Piment,
Lorbeerblätter

Sülze
Zwiebelwürfel
Saure Gurken (Würfel)
Sauer Gurken Wasser
Tafelessig
Gelantine je nach Bedarf

Einscannen und Rezept ansehen

Gutes Gelingen!

ZUBEREITUNG:

Das Fleisch mit kaltem Wasser ansetzen, Pökelsalz und die Gewürze dazugeben und 2 bis 3 Stunden Kochen lassen. Die Trübstoffe abschöpfen. Abkühlen lassen. Fleisch vom Knochen und Fett trennen, klein schneiden. Nun die Brühe durchsieben und wieder zum Kochen bringen. Das kleingeschnittene Fleisch mit den sauren Gurken aufkochen. Den Topf vom Herd nehmen, die Zwiebelwürfel dazugeben und mit den restlichen Zutaten abschmecken.

Wenn nötig Gelatine dazu geben. Nun die Sülze in kleine Formen abfüllen (vorher etwas abkühlen lassen) und kalt stellen.

Dazu empfehlen wir hausgemachte Bratkartoffeln.

Vorbereitung: **3 bis 4 Stunden Kochzeit der Brühe**
Arbeitszeit: **60 Minuten**
Schwierigkeitsgrad: **mittel**
Brennwert 100 g: **109 kcal / 456.36 kJ**

Entdecken Sie noch mehr **Rezepte unter dieser Rubrik** von empfehlenswerten Gastgebern bei *Topfgucker-TV*

Einscannen und Rezepte ansehen

GEGRILLTES „MAREDO" – ARGENTINISCHES RUMPSTEAK MEDIUM

Zubereitet von Elvis Herbek
Aufrufe: 126.191 (Stand: September 2022)

Einscannen und Rezept ansehen

ZUTATEN für 4 Portionen:

800 g	„Maredo" Roastbeef
6–8	Knoblauchzehen
	frische Rosmarinzweige
	Salz und Pfeffer aus der Mühle
	Olivenöl zum Braten

Viel Freude beim Ausprobieren!

ZUBEREITUNG:

Das Fleisch in 4 gleichgroße Stücke portionieren und temperieren lassen (Raumtemperatur). In einer Grillpfanne Olivenöl erhitzen und das Fleisch von beiden Seiten (ca. 3 Minuten) anbraten. Nun alles von der Flamme nehmen, mit Salz und Pfeffer würzen sowie die angedrückten Knoblauchzehen mit in die Pfanne legen, noch mal mit Olivenöl übergießen und in den vorgeheizten Ofen für ca. 12 Minuten bei 120 °C garen lassen.

Anschließend die Steaks herausnehmen, die Rosmarinzweige und wieder etwas Olivenöl dazugeben und alles mit einer Alufolie abgedeckt ca. 2 Minuten ruhen lassen.

Als Beilage empfehlen wir unsere mediterrane Gemüsepfanne und eine Portweinsoße.

Arbeitszeit:	**ca. 15 Minuten**
Garzeit:	**ca. 12 Minuten bei 120° C** bei vorgeheizten Ofen
Schwierigkeitsgrad:	**mittel**
Brennwert 100 g:	**193 kcal / 808.05 kJ**

Entdecken Sie noch mehr **Rezepte unter dieser Rubrik** von empfehlenswerten Gastgebern bei *Topfgucker-TV*

Einscannen und Rezepte ansehen

GESCHMORTES UND GEBRATENES VOM LAMM MIT PAPRIKA, OLIVEN UND ZIEGENKÄSE

Zubereitet von Philipp Haufe

Aufrufe: 10.122 (Stand: September 2022)

ZUTATEN für 4 Portionen:

Lammragout

700	Lammschulter
3	Schalotten
2 EL	Tomatenmark
1 L	Gemüsebrühe
100 g	Sellerie
100 g	Karotten
100 g	Champignons
ca. 0,1 l	Rotwein trocken
	Olivenöl zum Braten
	Salz und Pfeffer (aus der Mühle)
	Knoblauch, Thymian

Lammfilet

150 g	Lammfilet
	Olivenöl zum Braten
	Salz und Pfeffer (aus der Mühle)
	Knoblauch, Thymian

Olivenpüree

350 g	Oliven ohne Stein
150 g	gekochte Kartoffeln
100 ml	mildes Olivenöl
1 Zehe	Knoblauch
etwas	Salz und Pfeffer
etwas	Thymian und Rosmarin

Ziegenkäsekruste

300 g	Käse (Französischer Ziegenkäse)
100 g	Weißbrot (ohne Rand)
200 g	handwarme Butter
1	Ei
1	Rosmarin-Zweig
1	Thymian-Zweig
	Zitronenabrieb
1	Knoblauch-Zehe
	Salz, Pfeffer

Paprikagemüse

je 1	Paprika rot, gelb, grün
etwas	Knoblauch
etwas	Salz und Pfeffer
etwas	Thymian und Rosmarin

ZUBEREITUNG:

Lammfilet: Mit Salz und Pfeffer würzen und in heißem Olivenöl kurz in Pfanne anbraten. Dann die Mischung für die Ziegenkäsekruste auf das Filet auftragen und alles bei 170° C (Umluft) ca. 5 Minuten im Ofen unter Beigabe von Knoblauch und Thymian fertig garen.

Olivenpüree, Ziegenkäsekruste, Paprikagemüse: Wie im Video beschrieben zubereiten!

Arbeitszeit: **45 Minuten**
Schwierigkeitsgrad: **mittel bis hoch**
Brennwert 100 g: **o. A.**

Einscannen und Rezept ansehen

ZUBEREITUNG:

Lammragout: Die Schalotten, Sellerie, Karotten (ohne Schale) Champignons und Lammfleisch in feine Würfel schneiden. Dann das Lammfleisch scharf anbraten und mit Salz und Pfeffer würzen. Das klein geschnittene Gemüse und die Champignons dazugeben und alles weiter braten lassen. Dann das Tomatenmark untermischen. Alles mit Rotwein ablöschen, anschließend die Gemüsebrühe aufgießen. Dann Knoblauch und Thymian dazugeben und alles langsam köcheln lassen.

Entdecken Sie noch mehr **Rezepte unter dieser Rubrik** von empfehlenswerten Gastgebern bei *Topfgucker-TV*

Einscannen und Rezepte ansehen

HIRSCHBRATEN „BADEN-BADEN" MIT THÜRINGER KLÖSSEN

Zubereitet von Chefkoch Matthias Menz
Aufrufe: 60.028 (Stand: September 2022)

Einscannen und Rezept ansehen

ZUTATEN für 4 Portionen:

Hirschbraten

2	Zwiebeln
2	Möhren
1	Sellerieknolle
2	Lorbeerblätter
5	Wacholderbeeren
5	Pfefferkörner
5	Pimentkörner
	Salz
50 g	Tomatenmark
400 ml	Wildfleischbrühe
1,5 kg	Hirschfleisch (Keule oderSchulter)
300 ml	Rotwein trocken
100 g	Butter
50 g	Mehl
20 ml	Pflanzenöl
150 ml	Sahne
3	Birnen
	Preiselbeermarmelade
oder	Johannisbeermarmelade

Thüringer Klöße

8	Kartoffeln (festkochend)
ca. 0,5 l	Wasser
etwas	Salz

ZUBEREITUNG:

Fleisch trocken tupfen mit Pfeffer und Salz würzen und scharf anbraten. Fleisch aus dem Topf nehmen und Wurzelgemüse anbraten. Das Tomatenmark zugeben, anbraten lassen und mehrfach mit Rotwein ablöschen. Nach und nach Wildfleischbrühe zugeben. Fleisch wieder in den Topf geben. Gewürze zugeben und ca. 2 Stunden langsam schmoren lassen, zwischendurch wenden. In der Zwischenzeit: Birnen schälen, halbieren, Kerngehäuse entfernen und dünsten. Fleisch herausnehmen, Sauce mit Salz, Pfeffer abschmecken. Dann Soße durchs Sieb passieren. Nochmals aufkochen und abbinden, Butter zugeben und mit Sahne abrunden, danach nicht mehr aufkochen lassen.

Hirschbraten schneiden und mit Apfelrotkohl, Thüringer Klößen anrichten. Zum Schluss eine halbe Birne auf den Braten legen und mit Preiselbeermarmelade füllen.

Thüringer Klöße: Rohe und gekochte Kartoffeln reiben. Masse der rohen Kartoffeln ausdrücken, etwas ruhen lassen, Kloßwasser abgießen und so Stärke gewinnen. Rohe Kartoffelmasse mit Stärke vermischen, dabei Salzwasser zugeben und extra salzen. Gekochte Kartoffelmasse zugeben. Alles vermischen, Klöße formen und anschließend 20 min in heißem Wasser ziehen lassen.

Weidmanss Heil!

Entdecken Sie noch mehr **Rezepte unter dieser Rubrik** von empfehlenswerten Gastgebern bei *Topfgucker-TV*

Einscannen und Rezepte ansehen

Arbeitszeit: ca. 60 Minuten
Schwierigkeitsgrad: mittel
Brennwert 100 g: o. A.

RIND KOREANISCH EI | SESAM | ERDNÜSSE

Ein vollkommenes Rezept für anspruchsvolle Gaumen, bestehend aus Rindertatar, pochierten Ei, geröstetem Sesam und karamellisierten Erdnüssen. Ein toller Tipp ist die Garnitur mit eingelegten Radieschen. **Sterneköchin Sarah Henke** zeigt Ihnen ihr Können und wünscht allen viel Erfolg beim Ausprobieren!

Einscannen und Rezept ansehen

ZUTATEN für 4 Portionen (300 g Rindfleisch):

Koreanische Marinade für das Rindertatar

120 ml Sojasauce
60 ml geröstetes Sesamöl
60 g Zucker
50 g Chili Bean Sauce
20 g Paprika Paste
2 Knoblauchzehe gehackt

Gebratene Zucchinischeiben

12 Zucchinischeiben
etwas geröstetes Sesamöl zum Braten
etwas Koreanische Marinade

Erdnusskaramel Demi Sel

30 g Erdnüsse hacken
60 g Puderzucker
1 Prise Maldon Sea Salt

Pochiertes Eigelb

1 Eigelb pro Pax (Größe M)
etwas Sesamöl

Blattspinat

ca. 5 Blatt Mini-Blattspinat
etwas Sesamöl

Gutes Gelingen!

ZUBEREITUNG:

Koreanische Marinade:
Alle Zutaten in einen Topf geben und aufkochen, 20 Minuten stehen lassen und durch ein Sieb passieren.

Rindfleisch zu Tatar schneiden und mit der Marinade abschmecken. Bis zum Servieren kühl lagern.

Gebratene Zucchini Scheiben:

Zucchini waschen, in 7 mm dicke Scheiben schneiden und in geröstetem Sesamöl beidseitig anbraten bis leichte Färbung eintritt. Mit Marinade ablöschen, auf ein Blech verteilen, abkühlen lassen.

Erdnusskaramel Demi Sel:

In einer Edelstahl Pfanne anrösten und mit Puderzucker bestreuen; Karamellisieren lassen. Mit einer Prise Maldon Sea Salt würzen, auf ein Backpapier geben und auskühlen lassen.

Erdnusskaramel Demi Sel und Blattspinat:
Wie im Video beschrieben zubereiten!

Arbeitszeit: ca. 40 Minuten
Schwierigkeitsgrad: niedrig
Brennwert 100 g: o. A.

Mehr Informationen und aktuelle Beiträge finden Sie im **Gastgeberprofil** bei *Topfgucker-TV*

MEDAILLON VOM KALBSFILET | GLASIERTER SPARGEL | KARTOFFELSTAMPF

Und wieder ist es für den interessierten „Topfgucker" wie ein kleiner Kochkurs mit viel Wissensvermittlung und wertvollen Tipps! **Chefkoch Benjamin Unger** von dem familiengeführten Hotel Blauer Engel in Aue verrät in diesem Beitrag z. B. wie die Medaillons gleichmäßig auf den Punkt gebraten werden und Raucharoma erhalten bleiben. Auch wie man Speck knusprig aus brät und auf was man bei der klassischen Spargelzubereitung nicht verzichten solltet, erfahren Sie in diesem Beitrag.

Einscannen und Rezept ansehen

ZUTATEN für 6 Portionen:

Kalbsfilet

900 g	Kalbsfilet
50 g	Butter
	Salz
	Pfeffer

Kartoffelstampf

1 kg	Kartoffeln
100 g	Zwiebeln
80 g	Butter
	Salz
50 ml	Essig
50 g	Zucker
80 g	Speck
20 ml	Öl
20 g	Pinienkerne
1 Bd	Petersilie
80 ml	Brühe

Spargel

1 kg	Spargel
50 ml	Olivenöl
100 g	Butter
1 Stk.	Zitrone
100 g	Zucker
1 Bd	Schnittlauch
	Salz
100 ml	Balsamico

Dekoration

½ Bd	Kerbel

Das Auge isst mit!

ZUBEREITUNG:

Kalbsfilet: Sehnen sowie Fett entfernen und in 140 g schere Medaillons schneiden. Für die Medaillons beschichtete Pfanne richtig heiß werden lassen. Das Fleisch mit Salz und Pfeffer würzen, dann von allen Seiten scharf anbraten, Butter zugeben und das Fleisch mit der Pfanne in den auf 160° C vorgeheizten Backofen geben bis zu Ihrem gewünschten Garpunkt garen lassen.

Kartoffelstampf und Spargel:
Wie im Video beschrieben zubereiten!

Hinweis zum Anrichten siehe unter QR-Code.

Vorbereitung:	**20 Minuten**
Zubereitung:	**25 Minuten**
Schwierigkeitsgrad:	**mittel**
Brennwert 100 g:	**302.40 kcal / 1266.09 kJ**

Mehr Informationen und aktuelle Beiträge finden Sie im **Gastgeberprofil** bei *Topfgucker-TV*

VITELLO TONNATO BÜLOW STYLE MIT FRITTIERTEN KAPERN UND GEGRILLTEM THUNFISCH

Vom A-ROSA auf Sylt über SEA CLOUD CRUISES ist **Sven Vogel** im Relais & Châteaux Hotel Bülow Palais und Residenz Dresden gelandet und seit 2021 Küchenchef der Bülow Hotels. Das neue kulinarische Konzept der Bülow Hotels bedient jeden Gast mit seinem individuellen Geschmack. Sven Vogel zeigt hier seine Interpretation vom Vitello Tonnato mit einer kleinen Besonderheit – den frittierten Kapern!

Einscannen und Rezept ansehen

ZUTATEN für 4 Portionen:

Kalbstafelspitz

400 g	Kalbstafelspitz

Soße

75 g	Eigelb
250 g	Thunfisch aus der Dose (in eigenem Saft)
15 g	Sardellen
10 g	Kapernwasser
75 ml	Öl
	Pfeffer
	Limettensaft

Thunfisch:

120 g	Thunfisch (Sashimi Qualität)
	Öl

ZUBEREITUNG:

Kalbsfilet: Gut salzen und in einer sehr heißen Pfanne mit Rapsöl von allen Seiten anbraten. Anschließend wird der Tafelspitz im vorgeheizten Backofen bei 100° C etwa 45 Minuten garen. (Da jeder Backofen variiert, ist es zu empfehlen die Kerntemperatur mit einem Thermometer zu überprüfen.) Wenn die Kerntemperatur von 55° C erreicht ist, das Fleisch rausnehmen und direkt kühl stellen. Sobald es abgekühlt ist, können dünne Scheiben geschnitten werden. Im Wasserbad würde das Stück bei 55° C Wassertemperatur etwa 3 Stunden benötigen.

Soße: Das Eigelb in einen Mixer geben, Thunfisch, Sardellen und Kapernwasser zugeben und anfangen zu mixen. Den Mixer auf die höchste Stufe stellen und das Öl langsam einträufeln lassen. Die Soße gut durchmixen das keine Stückchen zurückbleiben. Zuletzt mit Limettensaft abschmecken.

Thunfisch: Von allen Seiten salzen. Die Grillpfanne mit Öl einreiben und soweit erhitzen bis sie anfängt zu rauchen. Nun den Thunfisch kurz von allen Seiten scharf anbraten und direkt wieder aus der Pfanne nehmen. Wenn er abgekühlt ist kann er portioniert werden.

Gutes Gelingen!

Arbeitszeit: 25 Minuten
Schwierigkeitsgrad: mittel
Brennwert 100 g: o. A.

Mehr Informationen und aktuelle Beiträge finden Sie im **Gastgeberprofil** bei *Topfgucker-TV*

SALAT CAPRESE 2.0 | TOAMTE MOZZARELLA MIT BASILIKUM

Caprese ist eine italienische Vorspeise und eigentlich ganz simpel: Tomate & Mozzarella mit alten Basilikum Essig. Doch **Starkoch Martin Seifried** zeigt seine Interpretation dieses Gerichtes. Es lohnt sich sehr! Eine kleine Besonderheit und raffinierte Idee ist der Mozzarella-Ballone.

ZUTATEN für

Gurkenmarmelade:

1 kg	frische Gartengurken (fein gewürfelt)
250 g	Schalotten (fein gewürfelt)
500 g	Gelierzucker 2:1
35 g	Champagneressig
10 g	gehackter Dill
etwas	Olivenöl
1 Prise	Meersalz Fleur de Sel

Fermentierte Kirschtomaten:

500 g	Cocktailtomaten
1 l	Wasser
20 g	Meersalz
2	Thymian-Zweige
1 Zehe	Knoblauch (halbiert)
1 Tl	Senfsaat
1 Tl	Pimentkörner
1 Tl	Pfefferkörner
1 Tl	Koriandersaat

ZUBEREITUNG **fermentierter Kirschtomaten:**

Cocktailtomaten mit einem Zahnstocher oder einer Nadel ringsherum einpieksen, anschließend in ein hohes Einweckglas (mind. 1-Liter-Fassung) geben und Thymian, Knoblauch und Gewürze dazu geben. Das Meersalz im Wasser auflösen und über die Tomaten im Glas geben. Ein Stück Backpapier zusammenknüllen und auf die Tomaten drücken, damit sie beschweren und unter der Flüssigkeit bleiben, Deckel verschließen und Glas bei Raumtemperatur (20–23° C) für mindestens 7 Tage stehen lassen. Hin und wieder mal den Gummi vom Glas ziehen damit der Druck entweichen kann, Vorsicht bei nicht Machen kann das Glas durch die Gärgase platzen! Je nach gewünschtem Säuregrad nach 7 tagen verwenden oder einfach länger stehen lassen.

Arbeitszeit: **20 Minuten**
Schwierigkeitsgrad: **mittel**
Brennwert 100 g: **506 kcal / 21.19 kJ**

Einscannen und Rezept ansehen

Zubereitung Gurkenmarmelade:
Wie im Video beschrieben zubereiten!

Martin Seifried wird unbenommen auch als Starkoch bezeichnet. Doch das was ihn wirklich auszeichnet, ist seine Bodenständigkeit, die Verbundenheit zur Region und Leidenschaft beste Qualität zu verarbeiten. Sein Kredo besteht vor allem darin, vieles selber herzustellen und in einem nachhaltigen Umgang mit den Zutaten. Dass er das Handwerk der Gourmet-Küche versteht, hat Martin Seifried den verschiedenen Stationen in der gehobenen Gastronomie zu verdanken. Lehrmeister wie Dirk Schroer und Jörg Mergner kennen wir „Topfgucker" bereits.

Mehr Informationen und aktuelle Beiträge finden Sie im **Gastgeberprofil** bei *Topfgucker-TV*

WIE BEIZT MAN EINEN LACHS?

Wichtig für ein optimales Ergebnis ist die Qualität der Produkte. So empfiehlt uns **Benjamin Biedlingmaier** einen Wildlachs aus Schottland. Die Kräuter sollten reichlich sein 2/3 aus Blattpetersilie bestehen und mit Zutaten wie Orangen, Limetten, Olivenöl und weißen Portwein vermengt werden. Als Salz nutzt der Sternekoch Biedlingmaier Meersalz. Die Säure und das Salz sorgen für ein natürliches Garen und eine längere Haltbarkeit. Nach 48 h ist der Lachs zum Verzehr geeignet sein.

Wichtig! Die Beize muss unter fließendem Wasser abgespült werden.

ZUTATEN FÜR EINEN LACHS:

2	(Wild-) Lachsfilets	300 – 500 g	Meersalz
500 g	frische Kräuter:	2 – 3	Bio-Orangen
2/3	Blattpetersilie	5 – 6	Bio-Limetten
	Schnittlauch / Dill	0,25 l	Olivenöl
	Koriander	0,2 l	weisser Portwein

ZUBEREITUNG:

Die Kräuter grob schneiden und in ein großes Gefäß geben. Den Abrieb der Orangen- und Limettenschalen mit dem Salz, Olivenöl und Portwein darunter mischen, nun kräftig „Durchkneten" und Drücken. Die Masse ist gut vermengt, wenn Saft austritt.

Ein passendes, langes Gefäß nehmen, den Boden mit der Beize zu 2/3 bedecken und die Lachsfilets mit der Fleischseite darauf legen. Nun den Rest der Beize darüber verteilen und mit Folie abdecken. Alles für zwei Tage kühl stellen, dann ist der Lachs servierfertig.

Gutes Gelingen!

Arbeitszeit: **15 Minuten; 48 h im Kühlschrank beizen lassen**
Schwierigkeitsgrad: **mittel**
Brennwert 100 g: **o. A.**

Mehr Informationen und aktuelle Beiträge finden Sie im **Gastgeberprofil** bei *Topfgucker-TV*

Einscannen und Rezept ansehen

Benjamin Biedlingmaier kochte bereits in folgenden Gastronomien: Hotel Traube Tonbach, Restaurant Silberberg in Baiersbronn, Hotel am Schlossgarten in Stuttgart, Mandarin Oriental in München und Restaurant Schlossstern im Schloss Velden am Wörthersee. 2010 gehörte er als Souschef zum Eröffnungsteam des Restaurants La Mer bei Küchenchef Sebastian Zier auf Sylt, das 2013 mit zwei Michelin-Sternen ausgezeichnet wurde. Ab Mai 2013 war Biedlingmaier Küchenchef im Restaurant Caroussel im Bülow Palais in Dresden, das im selben Jahr mit einem Michelin-Stern ausgezeichnet wurde. Biedlingmaier kocht klassische Gourmetküche mit besonderem Interesse an vegetarischen Gerichten. Mittlerweile hat Biedlingmaier seine eigene Kochplattform.

GEGRILLTER SEETEUFEL AN BOUDIN NOIR UND MAJORAN, RAHMIGES YUZUKRAUT UND RAUCHSCHAUM

Dieses Gourmet Rezept aus der gehobenen französischen Küche, lädt zum Genuss ein, zubereitet von **Chefkoch David Mahn** im Feinnschmeckerestaurant C'est la vie ist in Leipzig. Blutwurstkruste über den Seeteufelmedaillon wird aus Boudin noir hergestellt. Dies ist eine französische Variante der deutschen Blutwurst, nur bedeutend feiner. Sie ist ähnlich der Grützwurst oder der bekannten Schwarzwurst

Einscannen und Rezept ansehen

ZUTATEN für 6 Portionen:

6 Medaillons Seeteufel

Kruste

1	Knoblauchzehe
1	Rosmarin-Zweig
1	Thymian-Zweig
etwas	Butter zum Braten
200 g	Boudin noir
200 g	Butter
ca. 100 g	Semmelmehl
	frischer Majoran (gehackt)

Hilfsmittel

Platsikfolie

ZUBEREITUNG:

Blutwurst klein schneiden und zusammen mit der Butter mixen. Die Kräuter und das Semmelmehl dazugeben und alles zu einer homogenen Masse vermengen. Plastikfolie ausbreiten und die Masse in der Folie zu einer Rolle wickeln, wie im Video gezeigt. Anschließend in den Kühlschrank legen, bis es schnittfest ist Die Medaillons von beiden Seiten in einer Pfanne kurz anbraten. Die Gewürze, angedrückte Knoblauchzehe und etwas Butter mit in die Pfanne geben. Die Medaillons aus der Pfanne nehmen, eine Scheibe der Blutwurstkruste darüber legen und unter dem Salamander oder Grill gratinieren (überbacken) lassen.

Viel Freude beim Nachkochen!

Arbeitszeit: ca. 45 Minuten
Schwierigkeitsgrad: hoch
Brennwert 100 g: o. A.

2020 besuchte *Topfgucker-TV* das französische Feinschmecker Restaurant C'est la vie in Leipzig mit seinem damals neuen **Küchenchef David Mahn**. Der gebürtige Thüringer startete seine Karriere nach seiner Ausbildung zum Koch und einer Konditorenlehre in dem Fünf-Sterne-Hotel Traube Tonbach unter Pierre Lingelser.

Anschließend arbeitete er als Chef Patissier in der Villa Joya in Portugal sowie im Zwei-Sterne-Restaurant Ammolite im Europapark. 2015 belegte er im Wettbewerb „Patissier des Jahres" den zweiten Rang und wurde 2018 schließlich vom Schlemmer Atlas zu eben diesem gekürt.

Mehr Informationen und aktuelle Beiträge finden Sie im **Gastgeberprofil** bei *Topfgucker-TV*

TRUTHAHN MIT MARONENFÜLLUNG

Dies ist das perfekte Rezept zu Thanksgiving, dem Erntedankfest in Amerika. Aber auch in Deutschland erfreut sich gefüllter Truthahn großer Beliebtheit.

Damit das Fleisch saftig bleibt, sollte man im Niedriggarverfahren den Truthahn für mehrere Stunden im Ofen backen lassen. Auch die Füllung spielt eine wesentliche Rolle. Bei diesem Rezept verwendet **Chefkoch Gert Richter** Esskastanien und gibt für die besondere Geschmacksnote auch etwas bittere Mandeln dazu.

Einscannen und Rezept ansehen

ZUTATEN:

Truthahn

1	Truthahn ca. 3–4 kg
	Salz
	Pfeffer
	Paprika

Füllung

150 g	Butter
1	Vollei
3	Eigelb
3	Eiweiß (zu Eischnee geschlagen)
2	Brötchen (oder mehr nach Belieben)
1/2 l	Milch
1	geriebene bittere Mandel
1 Prise	Salz
1 TL	Zucker
200 g	feingeschnittene Esskastanien
100 g	Semmelbrösel

ZUBEREITUNG:

Die Brötchen in Milch einweichen. Butter, Ei und Eigelb schaumig rühren, Mandel, Salz und Zucker darunterrühren. Ausgepresste Brötchen, Kastanien und Semmelbrösel zugeben und alles gut miteinander vermengen, danach das steif geschlagene Eiweiß unter die Füllung heben.

Den Truthahn abwaschen und von innen salzen. Salz, Pfeffer und Paprika mischen, den Vogel von außen mit der Gewürzmischung einreiben. Bauchhöhle und Hals mit der Masse füllen und die Öffnungen verschließen (z.B.zunähen). Ofen auf 180°C vorheizen 20-25 min anbacken, danach die Temperatur auf 150°C runterregeln und fast 3 Stunden braten, immer wieder mit dem eigenen Saft übergießen.

Bratensaft eventuell mit etwas herben Weißwein aufkochen und mit etwas Stärke leicht binden.

Arbeitszeit: **45 Minuten**
Backzeit: **je nach Größe ca. 3 h bei 150° C**
Schwierigkeitsgrad: **mittel**
Brennwert 100 g: **110 kcal / 460.55 kJ (ohne Füllung)**

Guten Appetit bei diesem Festtagsbraten!

KARPFEN BLAU

Karpfen blau ist ein klassisches Fischrezept aus Sachsen. Gern wird es zu Silvester serviert. Die blaue Farbe der Haut entsteht, wenn diese mit dem Essig im Sud in Berührung kommt. Wichtig ist, dass die Schleimschicht erhalten bleibt. Mindestens 20 Minuten sollte der Fisch in einem großem Topf, reichlich gefüllt mit sehr kräftig gewürzten Wasser, ziehen. Im Gasthof Maxen wird es auch in der Fastenzeit serviert, mit Wurzelgemüse als Beilage.

Einscannen und Rezept ansehen

ZUTATEN für 3–4 Portionen:

1 Karpfen portioniert

Sud

kaltes Wasser (großer Topf)
1 Stk. Sellerie (gewürfelt)
2–3 Möhren (gewürfelt)
1–2 Zwiebel (gewürfelt)

3–4 Lorbeerblätter
2–3 EL Piment
ca. 0,1 l Brandweinessig (10%)
Salz
Prise Pfeffer
Prise Zucker

ZUBEREITUNG:

Den Karpfen am besten portioniert kaufen. Darauf achten, dass die Schleimschicht auf der Haut noch erhalten ist Einen großen Topf mit kalten Wasser füllen und den gewürfelten Sellerie, die Möhren, die klein geschnittenen Zwiebeln sowie den Essig, die Gewürze, Pfeffer, Salz und Zucker aufkochen lassen.

Anschließend die Hitze minimieren und den Karpfen in den Sud legen. Er sollte reichlich in Wasser liegen. Nun alles ca. 20 Minuten ziehen lassen, bei niedriger Temperatur. Der Karpfen wird klassisch mit Salzkartoffeln an Meerrettich und flüssiger Butter serviert.

Arbeitszeit: **20 Minuten**
Kochzeit: **ca. 20 Minuten**
Schwierigkeitsgrad: **niedrig**
Brennwert 100 g: **110 kcal / 460.55 kJ**

Chefkoch **Gert Richter** ist die kulinarische Seele vom Gasthof Maxen. Jedes Rezept hat seine eigene Geschichte und Identität, vor allem aber ist es ein ehrliche Küche. Alle Zubereitungen sind geprägt von der Handschrift des Kochs und haben das Gewürz der Leidenschaft in sich. Wir wünschen Ihnen viel genussvolle Momente beim Entdecken dieser Rezepte.

Und wer wissen will, wie das Original schmeckt, stattet am besten dem Gasthof Maxen eine Besuch ab. Es lohnt sich!

Mehr Informationen und aktuelle Beiträge finden Sie im **Gastgeberprofil** bei *Topfgucker-TV*

DIESES ESSEN BRINGT DIR GLÜCK UND SEGEN | NEINERLAA AUS DEM ERZGEBIRGE

„Heit, am Heiligen Abend, ham mir a Neinerlaa gekocht …"
Neinerlaa, die traditionelle Speise aus dem Erzgebirge am Heiligen Abend, wird regional von Familie zu Familie unterschiedlich zelebriert und noch heute als Brauchtum von den Erzgebirgern treu bewahrt. Dieses Weihnachtsessen besteht aus neun verschiedenen Speisen, die alle Speisen eine besondere Bedeutung haben.

ZUSAMMENSETZUNG UND BEDEUTUNG DES NEINERLAA:

Erzgebirgische Linsensuppe „Art des Hauses"
sichert das Kleingeld im kommenden Jahr

Matjeshäckerle
stehen für neues Leben und Fruchtbarkeit;

Rote Bete Salat
bringt Schönheit und rote Wangen;

Bratwurst
steht zum Erhalt von Herzlichkeit, Kraft und Glück;

Sauerkraut
soll einem das Leben nicht sauer werden lassen;

Kartoffeln auch als Salat,
sind Taler und dürfen beim Essen nicht gezählt werden;

Gefüllter Bratapfel
zeigt die Freude am Leben;

Semmelmilch mit vielen Nüssen
ist von der Familie nur mit einem Löffel zu essen,
so wird der Zusammenhalt der Familie gestärkt;

Brot und Salz
befinden sich die ganze Zeit über auf dem Tisch,
damit bleibt der Segen im Haus.

Von jeder Speise muss man wenigstens einen Löffel essen. Alles auf dem Teller muss aufgegessen werden, dann stimmt der Frieden im Haus und es wird im neuen Jahr schönes Wetter (verspricht eine gute Ernte).

Viel Freude beim Zubereiten!

Mehr Informationen und aktuelle Beiträge finden Sie im **Gastgeberprofil** bei *Topfgucker-TV*

Einscannen und Rezept ansehen

Der Werdegang des ausgebildeten Hotelfachmannes **Olaf Thomann** spiegelt den Erfahrungsschatz, den er im Laufe seiner Karriere gesammelte, wider: Er lernte in gehobenen Häusern auf internationalem Terrain, ging auf Kreuzfahrschiffe, leite Abteilungen von F&B bis zum Hotelmanagement, begleitete Pre-Opening Phase von Hotels, führte als gastronomischer Direktor das Elbresidenz Bad Schandau und wurde 2015 als Direktor ins Waldhotel Kreuztanne berufen, dieses erfolgreich wieder in schwarze Zahlen zu bringen. Olaf Thomann begleitet *Topfgucker-TV* seit vielen Jahren, auch in Zeiten coronabedingter Schließung. Seine große Verbundenheit zur Region Erzgebirge kommt in allen seinen Beiträgen immer wieder zum Ausrdruck.

KNUSPRIGE CHERRY VALLEY ENTE MIT ORANGEN-APFEL-ZWIEBELFÜLLUNG

Nicht nur zu Festtagen ein schmackhaftes Gericht. Warum man eine Cherry Valley Ente bevorzugt nehmen sollte und was es bei der Füllung zu beachten gibt, erklärt **Chefkoch Mirco Proft** in diesem tollen Videorezept!

Einscannen und Rezept ansehen

ZUTATEN für 2 Portionen:

2-Kilo-Ente Cherry Valley
(viel Fleisch und wenig Fett)

Füllung

2	Äpfel (Boskop)
250 g	Orangen (unbehandelt)
250 g	Zwiebeln
20 g	Ingwerwurzel frisch
etwas	Salz
	weißer Pfeffer aus der Mühle

ZUBEREITUNG:

Füllung: Äpfel und Orangen waschen, die Zwiebeln und den Ingwer schälen und alles in kleine Würfel schneiden. Anschließend die **Ente** waschen und trocken tupfen, die Haut vom Hals und die Flügel mit einem scharfen Messer entfernen. Danach die Ente innen und außen mit Salz und Pfeffer aus der Mühle einreiben und mit den vorbereiteten Füllung füllen. Die Ente in einen Bräter geben, die restlichen Füllung darum verteilen, eine Tasse Wasser dazugeben und für zwei Stunden in den auf 160° C vorgeheizten Backofen schieben.

Gutes Gelingen!

TIPP Als Faustregel: ca. 60 min. pro kg Fleisch.

Arbeitszeit:	**ca. 20 Minuten**
Backzeit:	**160 °C für ca. 60 Minuten**
Schwierigkeitsgrad:	**niedirg**
Brennwert 100 g:	**293 kcal / 1226.73 kJ**

Dazu passt Sächsisches Rotkraut (mariniert), Zubereitet von **Chefköchin Sandra Thümmel** im Landhaus Heidehof.

Einscannen und Rezept ansehen

SCHOKOLADE UND TONKABOHNE MIT MANDARINE, HIMBEERE UND MANDEL

Die Grundlage dieser süßen Verführung ist ein Schokoladenhohlkörper. Darin werden die einzelnen Komponenten liebevoll zusammengeführt. Es ist ein wahres Meisterwerk, wo jede einzelne Zubereitung ein leckeres Dessert ist.

Viel Freude!

Einscannen und Rezept ansehen

ZUTATEN für 4 Portionen:

Mandel-Crumble

100 g	gemahlene Mandeln
125 g	Butter (kalt)
125 g	Mehl
125 g	Zucker
1/2 TL	Zimt
1 Prise	Salz

Creme-Espuma

250 ml	Sahne
110 ml	Milch
40 g	Zucker
1 Msp.	Tonkabohne, gerieben
10 g	Cremepulver/Stärke
85 g	Eigelb
2	Gas-Kapseln für Sahne-Siphon

Schokoladen-Halbkugel

300 g	Vollmilchkuvertüre
4	Luftballons (am besten sogar Wasserbomben-Luftballons)

Gewürz-Mandarinen

2	Mandarinen
150 ml	Wasser
50 g	Honig
110 g	Zucker
1	Zimtstange
4	Kardamomkapseln, (grob gestoßen)
1	Gewürznelke
1	Sternanis

Mousse von weißer Schokolade

250 g	weiße Kuvertüre
2 Blatt	Gelatine
560 g	Sahne, geschlagen
1	Ei
1	Eigelb
30 ml	Amaretto

Himbeer-Gelee

300 g	Himbeeren
100 ml	Himbeersirup
200 ml	Wasser
1/2 TL	Agar Agar

ZUBEREITUNG:

Mandel-Crumble:

Für den Teig die Mandeln auf einem mit Backpapier belegten Backblech verteilen. Im vorgeheizten Umluft-Backofen bei 180° C 3–4 Minuten auf der zweiten Schiene von unten goldgelb rösten. Butter in grobe Stücke schneiden und mit den noch warmen Mandeln, Mehl, Zucker, Zimt und eine Prise Salz nur so lange mit den Knethaken eines Handrührers kneten, bis der Teig krümelig ist Den krümeligen Teig auf ein Blech mit Backpapier verteilen und im vorgeheizten Umluft-Backofen bei 160° C ca. 20 Minuten bzw. gold-gelb backen.

Schokoladen-Halbkugel:

Die Kuvertüre über Wasserdampf schmelzen und auf Eiswasser kalt rühren, bis die Kuvertüre eine Temperatur von ca. 32° C hat bzw. sich kalt anfühlt. Die Luftballons leicht aufpusten (so das kleine Kugeln entstehen) und zubinden. Die Luftballons in die flüssige Kuvertüre bis zur Hälfte tauchen, auf ein mit Backpapier belegtes Blech setzen und für mindestens eine Stunde in den Kühlschrank stellen. Nun die Luftballons mit einer Nadel aufstechen und aus der Schokoladenhalbkugel entfernen.

Creme-Espuma:

Die Sahne, Milch, Zucker und geriebene Tonkabohne aufkochen. Eigelb und Cremepulver verrühren, zur Milch-Sahne-Mischung zugeben und zur Rose abziehen; durch ein Sieb passieren und in den Isi-Sahne-Siphon abfüllen. Mit zwei Kapseln befüllen (evtl. auch schon mal drei Kapseln, wenn der Schaum nicht fest genug ist) und für ca. 4 Stunden in den Kühlschrank stellen. Vor dem Servieren die Creme in einen tiefen Teller oder anderes Gefäß oder Schokoladen-Halbkugel füllen.

Gewürz-Mandarinen:

Von den Mandarinen die Schale entfernen, in einzelne Segmente trennen und sauber verputzen. Wasser mit Honig und Zucker aufkochen, Gewürze zugeben und ca. 10 Minuten leicht köcheln lassen. Den Fond durch ein Sieb über die Mandarinen-Segmente gießen und mindestens 2 Stunden ziehen lassen (am besten über Nacht).

Mousse von weißer Schokolade und **Himbeer-Gelee:**
Wie im Video beschrieben zubereiten!

Arbeitszeit: **40 Minuten**
Schwierigkeitsgrad: **mittel**
Brennwert 100 g: **o. A.**

Mehr Informationen und aktuelle Beiträge finden Sie im **Gastgeberprofil** bei *Topfgucker-TV*

Jedes Gericht ist ein wahres Gemälde. Formvollendet türmt und schichtet der **Maître Frank Schreiber**, setzt Farbakzente und krönt das Werk mit der Verwendung unverfälschter Produkte aus der Region. Seine Küche nennt er liebevoll Atelier, und wer in den Genuss seiner Kreationen kommt, darf sicher sein: Kunst kommt von Können.

Frank Schreiber sagt: „Kochen ist meine Passion – ich möchte mit meinen Kreationen die Seele meiner Gäste streicheln." Er sammelte in den Küchen der Welt internationale Erfahrungen, ein Garant für lukullische Vielfalt und den Blick für das Besondere.

ERZGEBIRGISCHE BUTTERMILCHGETZEN MIT LEINÖL VERFEINERT AUS DEM STEINBACKOFEN

Herzhaft gegessen werden die Getzen mit knusprigen Speckwürfeln und Knoblauch Dipp und das direkt aus dem Steinbackofen in der **Braun Mühle Dörnthal**. Zubereitet wird dieses traditionelle Gericht vom **Inhaber Gunter Braun**.

Das kaltgepresste Bio-Leinöl aus der Ölmühle Dörnthal ist ein traditionelles und hochgeschätztes Öl mit einer einzigartigen Fettsäurezusammensetzung. Es enthält rund 50 g Omega-3-Fettsäuren pro 100 g. Diese entzündungshemmende Alpha-Linolensäure trägt bei regelmäßiger Einnahme zur Aufrechterhaltung eines normalen Cholesterinspiegels im Blut bei.

Einscannen und Rezept ansehen

ZUTATEN für 4 Portionen

1,5 kg	Kartoffeln (festkochend)	125 g	Schinkenspeck
500 g	gekochte Kartoffeln	etwas	Kümmel
1 l	Buttermilch	etwas	Salz
		etwas	Pfeffer

„Glück auf" aus dem schönen Erzgebirge!

ZUBEREITUNG:

Die rohen Kartoffeln fein reiben und mit den gekochten und gepressten Kartoffeln vermengen. Anschließend die Buttermilch, Kümmel, Salz und Pfeffer dazugeben. Alles vermengen und anschließend in eine Eisenpfanne geben. Den Backofen vorheizen auf 200° C und alles für ca. 90 Minuten bei Ober- und Unterhitze backen. Nach ca. 1 Stunde werden die Speckwürfel darüber gegeben.

Zum Schluß die Buttermilchgetzen aus dem Ofen nehmen und mit Leinöl verfeinern.

Arbeitszeit: ca. 15 Minuten
Schwierigkeitsgrad: niedrig
Brennwert 100 g: 147 kcal / 615.46 kJ

Ebenfalls ein beliebtes Rezept mit Leinöl:
Apfelquark mit Bio-Leinöl und frischen Wildkräutern

Mehr Informationen und aktuelle Beiträge der **Ölmühle Dörnthal** finden Sie im Gastgeberprofil bei *Topfgucker-TV*

SPREEWALD-BURGER | EISBEINFLEISCH | SENFSOSSE | WEISSKRAUTSALAT | PULLED PORK BURGER

Chefkoch Lutz Schötz vom Restaurant „Konrads" vom Kur- & Wellness Haus Spree Balance, hat sich etwas einfallen lassen und zeigt Spreewälder Spezialitäten, wie eingelegte Gurken, Weißkraut, Äpfel, vereint in einem Burger. Das Eisbeinfleisch wird von regionalen Händler bezogen und wie es der Name schon sagt, „gezupft" beim Zerkleinern.

Einscannen und Rezept ansehen

ZUTATEN für 4 Burger

Eisbeinfleisch | Pulled Pork

- 1,5 kg Schinkeneisbein gepökelt
- 2 Zwiebeln (mittelgroß)
- 1 Möhre
- 200 g Sellerie
- Lorbeerblätter
- Pimentkörner
- Pfefferkörner schwarz

Senfsauce (ca. 200 ml)

- 50 g Zucker
- 1 Zwiebel
- 2 Äpfel
- 100 ml Apfelsaft
- 40 ml Portwein
- 150 g Bautzner Senf

Spreewälder Weißkrautsalat

- 0,5 kg Weißkohl
- 0,15 kg Möhre
- Salz
- Pfeffer
- Kümmel gemahlen
- Zucker
- Essig
- Öl

Garnituren

Röstzwiebeln
Spreewälder Gewürzgurke

Burger

- 4 (Vollkorn)Brötchen

Zubereitung von Fleisch, Senfsauce und **Weißkrautsalat:**
Wie im Video beschrieben zubereiten!

BURGER HERSTELLEN:

Eisbein im Topf gar kochen, abkühlen lassen und zerpflücken. Den Krautsalat zuerst, dann die Senfsauce nach Rezept herstellen sowie die Röstzwiebeln und Gewürzgurken bereit legen.

Das zerflückte Fleisch anbraten, mit Pfeffer und Meerrettich abschmecken, Fett abtropfen lassen. (Vollkorn)Brötchen aufschneiden und beide Hälften mit Senfsauce bestreichen. Nun die Gewürzgurkenscheiben, Krautsalat, Fleisch, Zwiebeln auf untere Brötschenhälfte schichte und mit oberer Hälfte bedecken.

Guten Appetit!

Arbeitszeit: 10 Minuten
Kochzeit: ca. 2 Stunden
Schwierigkeitsgrad: niedrig
Brennwert 100 g: o. A.

Mehr Informationen und aktuelle Beiträge finden Sie im **Gastgeberprofil** bei *Topfgucker-TV*

OCHSENBACKE IN SAUCE BORDELAISE MIT GLASIERTEN CHAMPIGNONS UND FRÜHLINGSZWIEBELN

Neuinterpretationen sind seine Stärke – **Patrick Gebhard**, gebürtiger Lilienthaler, wohnthaft in Hamburg. *Topfgucker-TV* besuchte ihn **2014** in seinem Restaurant **Fillet of Soul** in den Deichtorhallen.

Einscannen und Rezept ansehen

ZUTATEN für 8 Portionen:

8 Stk.	Ochsenbacke (möglichst große)
3 kg	kleine Zwiebeln (geschält)
3 l	kräftiger Rotwein
200 g	geklärte Butter
200 g	Rindermark
300 g	Perlzwiebeln
100 g	Champignons
1 Bd	Blattpetersilie
	Meersalz
	weißer Pfeffer
	Mehl

ZUBEREITUNG:

Die Zwiebeln halbieren und mit einer guten Kelle der geklärten Butter in einem großflächigen Topf oder Bräter anschwitzen und im Ofen bei ca. 150–160° C zusammen fallen lassen. Das Ganze dauert ca. 1–2 Stunden. In der Zwischenzeit die Ochsenbacken großzügig von Sehnen und Fett befreien, mit Salz und Pfeffer würzen und in Mehl wenden. Die Backen scharf von allen Seiten anbraten und beiseite stellen. Danach die Ochsenbacken auf die Zwiebeln setzen und mit ca. 2 Esslöffel Meersalz bestreuen. Alles leicht mit Mehl stäuben.

Ofen auf 180°C hoch heizen. Mehl abbrennen lassen und Flüssigkeit ziehen lassen. Danach wiederholt mit Mehl stäuben. Wenn ca. ½–1 Liter Flüssigkeit gezogen dann hoch heizen auf 200° C. Dann den Fleisch- und Zwiebelsaft komplett reduzieren. Die Flüssigkeit muss komplett weg sein, damit die Sauce einen schönen Glanz bekommt.

Daraufhin den Rest des Weins auffüllen. Die Ochsenbacken müssen bedeckt sein! Einmal aufkochen und das Ganze bei 110° C ca. 2–3 Stunden simmern lassen. Zwischendurch die Ochsenbacken kontrollieren, ob diese bereits weich sind. Wenn die Backen weich sind, mit einer Fleischgabel aus dem Fond ausstechen. Den Fond durch eine „Flotte Lotte" passieren und anschließend durch ein Haarsieb lassen. Je nach Konsistenz der Sauce diese noch ein wenig einkochen bzw. mit einem Hauch angerührtem Kartoffelmehl abbinden. Danach die Backen wieder der Sauce hinzufügen, damit sie nicht eintrocknen und noch einmal Temperatur bekommen.

Backzeit:	**ca. 2–3 Stunden bei 110°C Umluft**
Zubereitung:	**25 Minuten**
Schwierigkeitsgrad:	**mittel**
Brennwert 100 g:	**302.40 kcal / 1266.09 kJ**

Mehr Informationen und aktuelle Beiträge finden Sie im **Gastgeberprofil** bei *Topfgucker-TV*

BULLENEIER IN SAHNESOSSE | GRATINIERTER ZIEGENKÄSE | WILDKRÄUTER

Dies ist ein Gericht aus dem Mittelalter. Eine potenzsteigernde Wirkung, nach dem Verzehr der Eier, kann **Mario Ziechner**, Inhaber vom Anno Domi, nicht bestätigen. Den Geschmack beschreibt er als etwas nussig, wie zartes Hähnchenfleisch. Die Scheiben werden mehliert und von beiden Seiten in Butter schon angebraten. Mit dem Saure-Sahne-Schmand Mix, wird alles abgelöscht.

Für die nötige Säure sorgt etwas trockener Weißwein. Dazu wird mit braunen Zucker flambierter Ziegenkäse gereicht und marinierter Wildkräutersalat. Alles in allen eine sehr spannende Herausforderung.

Einscannen und Rezept ansehen

ZUTATEN für 2 Portionen:

2 Stck.	Hoden vom Bullen oder Ochsen	Pfeffer
250 ml	Saure Sahne	Piment
2 EL	Schmand	frischer Kräuter: (Rosmarin, Thymian, Schnittlauch)
100 ml	trockener Weißwein	Dill
	Salz	

Zubereitung: ... alles wie im Video beschrieben zubereiten oder ins Anno Domini nach Dresden Klotzsche kommen.

Viel Freude beim Ausprobieren!

Arbeitszeit: **10 Minuten**
Kochzeit: **ca. 2 Stunden**
Schwierigkeitsgrad: **niedrig**
Brennwert 100 g: **o. A.**

Mehr Informationen und aktuelle Beiträge finden Sie im **Gastgeberprofil** bei *Topfgucker-TV*

SCHANKWIRTSCHAFT ANNO DOMINI

Topfgucker-TV ist ins Mittelalter gereist und im Hier und Jetzt im Anno Domino gelandet. **Inhaber Mario Zichner** kennt sich aus mit den Kochkünsten jener Zeit und weiß gar Interessantes zu berichten ...

Das Anno Domini ist ein Erlebnisrestaurant, in dem folgende 3-G Regeln gelten:

GESOFFEN • GEFRESSEN • GEFEIERT

In diesem Sinne, viel Freude beim Entdecken!

Sie sind Gastgeber und/oder Koch aus Leidenschaft? Sie sind Hersteller und fühlen sich der Topfgucker-Philosophie verbunden? Dann kontaktieren Sie uns unter *redaktion@topfgucker-tv.de* Bleiben Sie informiert über die neuesten Rezepte, empfehlenswerte Gastgeber und abonnieren Sie unseren Newsletter oder *YouTube Kanal Topfgucker-TV*.